AQUARIUS

AQUARIUS

AQUARIUS

AQUARIUS

Vision

一些人物，
一些視野，
一些觀點，
與一個全新的遠景！

每一個都是「我們的」孩子

文國士與家園的漂浪少年

文國士◎著

特別推薦

（依姓名筆劃序排列）

大師兄（作家・著有《你好，我是接體員》等書）
王小棣（導演）
王婉諭（立法委員）
李崇建（作家・台灣薩提爾推手）
林立青（作家・著有《做工的人》等書）
許皓宜（作家・諮商心理師）
馮以量（作家・馬來西亞家庭關懷及家族治療推手）
黃越綏（作家・兩性與家庭諮商師・「國際單親兒童文教基金會」創辦人）
楊力州（導演）
鄭弘儀（主持人）

【推薦序】
司法與社福，能夠為收容少年做什麼？

文◎李茂生（國立台灣大學法律學院教授）

伴同與關懷，帶給收容少年溫暖的歸屬

這是我為文國士寫的第二篇推薦序。他的這本新書名為《每一個都是「我們的」孩子——文國士與家園的漂浪少年》。他的第一本書名叫《走過愛的蠻荒》，我在推薦文中寫了一段話：

真正吸引我的不是以上對於正常與異常間區隔的觀察，而是一位被社會以及自己逼到這個區隔的邊緣，充滿了不安與焦躁的個人，是如何擺脫這個桎梏而開創自己

的未來，甚至將自己的人生經驗運用到與其相關的人際關係上的故事。其實，本書的後半段已經超越了一個精神病患之子是如何擺脫桎梏，尋獲生存意義的框架，而是更進一步擴及到「面對一位站在懸崖邊緣的人，你能夠做什麼」的境界。

而這本新書，寫的正是他探索「能夠做什麼」的心路歷程。

作者在當過兩年偏鄉教師後，目前在陳綢兒少家園擔任生活輔導老師。本書就是在這四年中，他所碰觸到的少年的人生片段。

雖然看不出作者有什麼特殊的相處技巧或專業技能（他說他正在讀第二個碩士學位，研究諮商理論與技巧），但始終如一的伴同與關懷卻是令人動容。比諸專業的冷漠，出於人格特質的溫暖才是不變的定理。作者在本書的字裡行間，充分地展現出這份人格特質。他說文字有特殊的魅力，透過文字可以達成深層的溝通。那麼透過這份人格特質，到底能夠深入理解到何等程度？到底能夠協助這些收容少年得到怎樣的溫暖歸屬？

本書介紹了一些作者於這四年所接觸的案例，不論是流離顛沛的小岳，還是反覆不斷無法控制情緒暴動的阿超，每個案件都觸及了令人唏噓的深層。其中小岳的故事，不知為何真的令我落淚。這麼小，卻無歸屬之處，我不禁怨嘆這個社會到底怎麼了。作者刻意地將失敗與無奈的故事置於前面，後頭則是幾則勉強算是有些許成就的故事，但我還是感受到「慘勝」的遺韻。

社福單位收容司法少年的困境

收容於兒少福利設施中的少年，不論其身分是司法少年抑或社福少年(編註)，究其根源不外是成長過程中不甚順利的境遇，不管是其物質上的供給抑或精神上的羈絆，均不足以提供得令其健全自我成長的資源。

民國八十六年時，我鑑於對犯罪少年，法律僅提供「社會內處遇的保護管束」與「設施拘禁式的少年輔育院與少年監獄收容」這兩種最終的待遇，所以除了將少年輔育院與少年監獄改制成矯正學校（這個工作也是最近才全部達成）外，另創設了中間型的社會安置處分，這就是「司法少年」的由來。法官可以裁定將少年收容於比矯正學校更溫馨、更寬容、更有機會接觸外邊社會的社福機構。

不過，多年來屢屢聽聞社福機構拒收司法少年，不僅是因為其成長環境更為複雜、外顯的行為很難糾正，縱然予以積極地關懷與協助，也少有成就外，更重要的是收容司法少年時的經費來源。

【推薦序】司法與社福，能夠為收容少年做什麼？

文◎李茂生（國立台灣大學法律學院教授）

當年，我特地為此拜訪了在台中的兒童局（現已整編進入衛生福利部），商量收容經費，不料卻得到兒童局無法支應收容費用的回覆，說既然是司法裁進來的，那就應該由司法院負擔。我當場傻眼。從來都沒聽聞法官判某人入監服刑，司法還要負擔收容費用。司法與行政的分立分工，不是三權分立的基本嗎？然而，兒童局堅持只有社福少年是他們的責任，司法少年他們不熟，僅能「代管」。

結果，我只好回去求司法院。司法院為此特別編列了預算，並逐年增加收容費用，當預算用完，即無法再裁定少年至社福機構收容。在此情況下，法院也只好「省吃儉用」。

不過，問題更大的是司法院僅能提供少年日常生活所需的經費，其餘教師、社工、生活輔導員的薪資以及設施修繕等費用是無法編列的。於是造成社福單位收容社福少年時所得補助，遠高於收容司法少年時從司法院所能得到的補助。這當然會造成社福機構不願意收容司法少年的現象。一旦收容，那麼勢必增加每個人的工作負擔，已經是寅吃卯糧的機構哪經得起這種摧殘。

文國士的這本書中，有談到這個困境。

我們有滿滿的意願陪他們好好走一段路，但我們沒有滿滿的氣力牽著每一雙手。一般家庭裡，父母對一、兩個小孩就常常費力到升天。我們每個生輔老師要對上四到七名不等的孩子，每個孩子都有自己特別辛苦的故事，也都有需要被細心看顧的需求。

但很遺憾，我們的社會對於這些生命是陌生的，而政府投注於這些生命的資源亦極其有限。多數的安置機構是由民間經營，得自行背負龐大的財務壓力，以及在吃緊的人力下，維繫照顧的品質。

生輔老師與社工，將自己安置在哪裡？

本書在最後匆匆介紹了一下作者的工作夥伴。他們都必須兼職養家，這幾乎是所有夥伴的宿命。有的務農，有人在飲料店打工，也有人兼差當熊貓外送。收容少年都需要愛，但是能夠給愛的生輔老師與社工，其工作卻是最缺乏社會資源與愛的職位。對於已經是日常的人事更迭，文國士說：

而累極了或倦怠時，難免心生疑惑：少年們安置在我們這裡，但我們該將自己安置在哪裡？因此不時地，我們需要緩下來，梳理自己，也看顧夥伴。

我們該將自己安置在哪裡？這真的是一字一血淚。

最美麗的奉獻

讀過「報導者」的《廢墟少年——被遺忘的高風險家庭孩子們》，也觀賞過林佑恩導演所拍的《度日》，現在又看了文國士的《每一個都是「我們的」孩子——文國士與家園的漂浪少年》。不是說台灣最美麗的風景是人嗎？對！當社會將這些少年當成垃圾掃到社會邊緣時，還是有一些人把垃圾當寶，努力地企圖令其「再生」。謝謝這些令我們台灣更加美麗的人們，謝謝他們的奉獻。

【編註】司法少年是指十二歲以上、未滿十八歲，因觸犯法律而由少年法院（庭）介入保護的少年。由社會局安置的兒少沒有統一的專有名詞，且年齡層包含兒童及少年，常見的稱呼有社福兒少、社福少年、社政兒少、社政少年。

【推薦序】

在懸崖邊努力生存的孩子

文◎徐瑜（陳綢兒少家園主任）

「我總是會想像，有那麼一群小孩子在一大片麥田裡玩遊戲。成千上萬個小孩子，附近沒有一個人，沒有一個大人，我是說，除了我。我就站在那混帳懸崖邊。我的職務是在那裡守備，要是哪個孩子往懸崖邊跑來，我就把他捉住……」

——《麥田捕手》

先看「問題」？還是先關注發生問題的「人」？

用了一個小時看完這本書，但構思寫序的時間，比一個小時還要多很多、很多。

【推薦序】在懸崖邊努力生存的孩子

文◎徐瑜（陳綢兒少家園主任）

之所以能將這本書讀得這麼快，或許是因為自己也身在其中吧！那些場景的哭哭笑笑，歷歷在目。而有趣的是，透過國國的眼睛，關於記憶中的同樣場景，我卻看見獨特的解讀方式與介入角度。

身為家園主任，我的日常，要從組織的管理工作、工作場域中的專業分工與評估、安置機構的團體動力、事件關係人在現場被激發的情緒、眼前孩子的防衛等，一層一層費力撥開之後，才有機會初步探索眼前孩子的需求。平常要能使這些考量按部就班，已經很困難。在張力更高的衝突現場，這更是困難的任務。

從事兒少安置工作，往往面臨這些難題：是要先看「問題」？還是要先關注眼前發生問題的這些「人」？當狀況發生，自己的反應是「戰」或「逃」，或是「冷凍」？我們需要在好不容易擠出來的幾秒鐘空檔內，迅速地做出看起來相對好一點點的決定，加上腎上腺素與血壓的起起伏伏……

而這些「高潮迭起」，都是家園的日常。

留下來的人，更是鼓足勇氣的人

這本書也提到，我們不可能完全將個人情感木然地隔離在工作場域之外。因為我們的專業建立在與服務對象之間的信任與關係，而這樣的信任和關係很難不牽涉到一丁點的情感。

書中描述的那些失望、擔憂、憤怒、喜悅與關係的拉扯，都是真槍實彈的肉搏戰。這樣的工作環境，常使得全心投入的人難以全身而退。而往往愈是投入的人，愈容易遍體鱗傷。

過去我以為離開社會工作前線的人，都是鼓足勇氣才踏出舒適圈。工作多年來方明白，留下來的人，更是鼓足勇氣的人。所以每每看到一頭栽進這個領域的人，一來是滿心感謝，二來則是滿懷擔憂。

十幾年走來，一路上不斷招兵買馬，希冀能夠招募到志同道合、願意與我們一起陪孩子走一段路的同伴。而國國，是我從面試時就印象深刻的夥伴——他是我這麼多年來遇過擁有最強動機與服務使命的應徵者。

他帶著一份像連續劇一般的自傳前來，訴說著他的成長經歷、他在偏鄉的教育工作經驗、他對於這些辛苦成長的孩子們的關注與投入，以及他對於自己未來扮演生活輔導員的期待，都讓我與我的工作團隊相當希望能夠與他共事。

當然，毫不意外地，國國在工作中的投入也常常讓我們捏一把冷汗。所幸，我們有很棒的團隊能夠彼此提供指引、提醒與支持。

在孩子們的需要裡，看見自己的責任

我們從不意外聽到有人說「你們好有愛心」，或是「照顧這些孩子有什麼難的」，彷彿有愛就可以解決這些孩子的一切需求，或是低估了照顧工作的價值。

在從業的十幾年間，我更常聽見關於「愛」，在這份工作中引發的爭執。彷彿「愛」與「專業」彼此互斥——若提到愛，就感覺這份工作不夠專業；但只提專業，卻又直覺感受到理性與冷酷。

然而，我常常問自己：我們不愛眼前這個孩子嗎？我們沒有專業來照顧眼前這個孩子嗎？我會因為愛他或不愛他，而使得專業的判斷失準嗎？

每一個都是「我們的」孩子

我們愛孩子，但我們的工作從來都不是只有愛孩子而已。

愛是一種選擇，我們選擇在與這些孩子工作的時候，以愛與關懷作為基底，但也需時刻提醒自己與彼此，「為這些孩子謀求最佳利益」才是我們在工作上的責任。

但什麼是最佳利益？我們只能在團隊不斷地辯證、討論與拉扯之下，陪同孩子做出眼前所可能做出的最好決定。

讓孩子被主流社會喜歡，從來都不是我們工作中的首要任務。

事實上，這群孩子是被迫離開家來療傷，是來重新完成過去未竟的發展與生活，甚至是需要重新學習如何長大的。他們不是來到安置機構，表演出主流社會喜愛的模樣。

於是，帶著他們去體驗生活、建立人我之間的信任與界限、嘗試及修正錯誤、發展出屬於自己的生活模式，都是我們的重要任務。

然而現實裡，並非每一個孩子都能順利地完成以上這些工作。

在寫這篇序的同時，得知前一晚，有位我們曾經照顧過的少年意外離開人世。有夥伴不禁唏噓嘆息：我們做了這麼多，仍然無法改變他高度危機的人生嗎？

我說，至少，至少在他短短的人生之中，能夠有被善待、被好好照顧的一段時光，或是至少在他要掉下懸崖之前，我們能有機會拉他一把。

這本書基於保護當事人及專業倫理考量，關於人名、事件情節做了些許修飾，但想真實呈現的核心卻是絲毫未減：希望讓讀者能更理解那些在懸崖邊努力生存的孩子，以及肯定每一位為孩子們真心付出的工作人員。

或許是愛，或許不是，或許有沒有愛心一點也不重要，但我們就是在孩子們的需要裡，看見自己的責任。

【推薦序】
致——我心目中勇敢的靈魂們

文◎謝文宜（實踐大學家庭研究與兒童發展學系教授）

都是因為愛

當國國把書稿寄給我看時，我一個晚上就把它看完了。隨著國國將一個一個故事以他特有的方式，慢慢陳述著，我也跟著每個故事或心疼、或無奈、或微笑、或嘆息、或流淚。

在整個閱讀的歷程裡，除了感受到這些故事中，主角們的經歷，更感受到書寫者的那份心，讓我更了解國國這個人，以及他為什麼要寫這樣一本書。是為了這些擺放在他心上、無法抹去的孩子們，是為了其他有相似遭遇的少年們，是為了這個總

文◎謝文宜（實踐大學家庭研究與兒童發展學系教授）

愛給不同於自己的人貼上標籤的社會，也是為了可以幫助這群孩子的人，更是為了與這些孩子一樣擁有千瘡百孔的心，卻還好努力的自己。這一切，都是為了愛！

都是為了求生存

當他在電話中告訴我，他原本想給這本書的書名是《做．愛的人》，我忍不住笑了。但也覺得這還滿像他的。他就是個在缺乏愛的地方，創造愛的人。而這也是我愛他的原因。

陳綢兒少家園中的孩子是一群很令人心疼的孩子。他們之間有許多人，從很小就已經看到、並經歷到人性最黑暗的一面。他們或許被忽略、被遺棄，也或許目睹或被施以各種暴力；他們或許也曾多次呼求幫助，卻無人真正能夠回應……導致他們因此陷入絕望，選擇不再輕易信任，身體或心理都隱藏著極大的焦慮、不安、痛苦與憤怒。他們有的變得異常乖巧與服從，努力討好周邊的人；有的變得特別孤立、冷漠，不再信任或依賴任何人；有的可能變得以暴制暴，以此來自保或壓迫他人，成為他們心中原本痛恨的那種人。

不論他們所呈現出來的是什麼樣貌，其實也就是為了求生存。

每一個都是「我們的」孩子

說真的，在經歷過那麼多的苦難後，他們早已忘記自己真實的樣貌為何，更別說好好接納並愛自己了。因此，若是要陪伴他們踏上療癒之路，完全地涵容、接納與穩定、持續的愛，是缺一不可的。就像國國在書中寫的：「我們都是這樣的，當感受到被愛，才有了自愛的理由。」

書中，有個小人類在掃地時，看到有人經過，會拿起掃帚當武器，對著那個人說：「不要動，我要開槍了！」但是當國國單膝跪地，向他展開雙臂，邀請他來抱自己時，這個可愛的小人類愣住了幾秒，立即丟下了他的武器，飛奔過去，擁抱國國。

我看到這一段，忍不住眼眶都紅了。是呀！如果有一個溫暖的抱抱可以選擇，要武器來幹麼呢？

而這短短的一段描述，清楚地呈現了國國在兒少家園中，全心全意在做的事：用愛來化解怨恨，用愛來教他們懂得自己值得被愛，直到他們也可以學會愛自己。

但身為助人工作者多年，也知道有時候並非一切能夠如我們所願，例如書中的小岳。那也是個令我跟著流淚的故事。小岳代表著許多我們因為現實生活中的各種限制，而只能放下的人們。

在我心裡也有好幾個「小岳」，每每憶起，就難免會想：如果自己當時再多做一些什麼，是否就會有不同的、更好的結果？但隨著歲月帶來的成長，我也漸漸認清，有些人生課題，或許只有透過我們的放下，他們才能獲得機會學習。當然，他們可以選擇學習並改變，或選擇放棄，而我們也只能學習接受，並信任他們的選擇與命運。

當國國在樓上哭著目送小岳離去，我知道他也在學習著放下，一個很不容易的功課。

都是勇敢的靈魂

我一直相信我們來到這世界，都是因為我們的靈魂有它想體驗與學習的課題。有些靈魂非常勇敢且有野心，選擇了特別困難的功課。每次我經驗到痛苦或創傷時，都會有個內在的部分苦笑著對自己說：「你幹麼選了這麼難的功課呢？」

因為了解國國曾經經歷過的，再看著國國分享的這些故事中的孩子們，深深覺得他們都是超級勇敢的靈魂：選擇在極度缺乏愛的環境中，學習接受，並給出愛；在看似絕望的狀況中，練習去看見一線曙光。

而選擇和這些孩子工作，我覺得也是國國自我療癒的方式。他一直在陪伴著無數個童年的自己長大呀！許多他說給孩子聽的話，也是在說給自己聽的吧！

國國，你看見了嗎？那個那麼勇敢與努力的自己！

祝福所有勇敢的靈魂們！

目錄

每一個都是「我們的」孩子

目錄

每一個都是「我們的」孩子

目錄

相信你，是我唯一的選擇

——安置機構是什麼樣的地方？

「小家」的孩子們

如果說偏鄉國小像是「可愛動物區」，那麼安置機構就是「非洲大草原」。身為生活輔導老師的我，任務之一就是以信任馴服少年們的野性。

「社政安置」與「司法安置」的孩子

安置機構是什麼樣的地方？

能讓大家很快理解的一種說法是：安置機構就是我們常聽到的育幼院、孤兒院。但這個說法的限制是，它太偏頗、太粗糙了。

目前全台灣大概有一百一十餘間安置機構，每間機構的理念、規模與運作方式都不太一樣，每間機構陪伴的孩子，性別與年齡層也有所差別。但只要是安置機構，以行話來說，陪伴的就是「社政安置」和「司法安置」的孩子。

有一次，與同樣是生活輔導老師的唬唬聊天。他開玩笑說他最討厭帶到司法安置的孩子，「因為他們太世故、太聰明啦，我常常被他們騙耶。」但同時又好糾結，「可是跟司法安置的出去走在路上比較帥，因為他們比較會穿衣服。」

唬唬的形容太有畫面。**「司法安置」**的少年們，都是在十八歲以前犯了刑法，而被少年法官裁定到安置機構來轉換生活環境的。他們在來到機構前，有些已經中輟，也或多或少經歷了一些社會事。每次與他們一同外出，他們都穿得全身黑，加上理個大平頭，走起路來個個自帶角頭風格。看醫生、看電影、逛街採買，不管做什麼，只要跟他們一起出現，在外人看來就很像是要圍事或收保護費。

相較之下，**「社政安置」**的孩子通常年紀較小，也比較天真、生澀一點。這些孩子因為原生家庭的支持度實在太低，有的甚至在家庭裡遭到嚴重的虐待或忽視，經各縣市的社會局處通報後，輾轉來到安置機構。

無論是司法安置或社政安置，這些身分都隱含著有些生命因原生家庭的種種因素，很難好好長大。這些生命需要轉換成長環境，而「安置機構」便是其中一個可能的去處。

這背後埋藏著**一個很重要、卻很少人注意的議題：在原生家庭力不從心之後，照顧**

每一個都是「我們的」孩子

這些兒少的責任，到底該落在誰身上？

我自己的答案是：我們的政府和社會。因為這些生命就和你我一樣，是生長在這片土地上的。

但很遺憾，我們的社會對於這些生命是陌生的，而政府投注於這些生命的資源亦極其有限。多數的安置機構是由民間經營，得自行背負龐大的財務壓力，以及在吃緊的人力下，維繫照顧的品質。

由於種種現實的考量與限制，安置機構通常只陪伴特定年齡層的孩子，並且以社政安置的情況居多，願意且有能量陪伴司法安置孩子的單位少之又少。我服務的陳綢兒少家園則是少數同時陪伴司法安置和社政安置兒少的安置機構，而在年齡層上，罕見地從小學生到成年初期的都有。

第一次，他們好好被愛著

幾年前剛到陳綢兒少家園擔任生活輔導老師時，對於這樣一個橫跨年齡層，且同時陪伴司法和社政安置孩子的單位，我感到非常新鮮和興奮。

我的前一份工作是在山裡的排灣族國小當老師。如果說所謂的偏鄉國小像是「可愛動物區」，那麼陳綢兒少家園就是「非洲大草原」——草原上的少年們，普遍來說特別野，野得率真、野得很美，當然也野得欠鍛鍊。

大家各有各的故事、各有各的目標。而身為生活輔導老師的我，任務之一就是善用各種時機取得少年們的信任，以信任馴服野性。

所以，雖然職稱是「生活輔導員」，但在這份工作上，我也期許自己像個老師，更多溫暖、更多情感，給出更多愛。

在長大之前，我們需要熱熱的三餐、乾淨的衣服、暖心的擁抱與輕輕拍背的安穩，也需要明確的界線和堅定的引導，還需要有人好好跟我們說話……而好多來到陳綢兒少家園的孩子，是在這裡體驗到生命中的這些「第一次」。

這些孩子最小的還不足十歲，最大的不超過十八歲，因著不同的原因，從台灣各地來到這裡，第一次有穩定的生活，第一次有正向的歸屬，也第一次好好地被愛著。

更具體來說，這些特別有故事的孩子主要是在我們家園內的「小家」，感受到這份遲來卻還及時的呵護與關愛。

我們家園有兩棟四層樓高的平房，每一層樓都有兩戶，而每戶就是一個「小家」。小家的格局就跟一般的家戶一樣，譬如陽台、廚房、客廳、孩子的房間和生活輔導老師的房間。最多可以住八個孩子與兩名生輔老師。

和一般家戶不同的是，通常家裡就是同一個家庭成員共同生活的所在，但小家的每一個成員都來自不同的原生家庭，這也意味著，「小家」終究不是任何人的家。

我們不是血緣上的家人。我們帶著各自的成長脈絡，在這個名為小家的地方，交織出一篇篇綿密而複雜的故事。

當孩子們因著不同的原因來到家園時，就是在他們的生命故事裡，開啟了新的篇章，這其中有像我這樣的生輔老師、社工等新角色，也有先前的故事留下的痕跡。

每一個都是「我們的」孩子

小孩不敢置信地問：「你確定每天都有得吃嗎？」

有個小人類剛來的時候，每一餐飯都吃得狼吞虎嚥，每當要熄燈睡覺，總令他焦躁不安。經過一個多禮拜的觀察後，他發現原來小家裡，每天都會有充足的熱菜、熱飯和熱湯，吃飯的速度才終於慢下來。

「國國，你確定每天都會有嗎？」小人類感到有點不可思議地問。

看著他的一臉狐疑，我想到他那經常三餐不繼的過往，就抱抱他，輕輕拍著他的背，回他說：「親愛的你放心，每天都會有，每天的每天都會。」

又過了一、兩週的規律生活後，這個小人類又有新的體驗：原來，每天都會有固定的生輔老師哄他入眠，而同一位生輔老師也會在隔天早晨喚他起床。

他終於願意熄燈睡覺了，因為新的體驗讓他知道，房間變暗並不代表周遭的人會像他的親生父母一樣，一覺起來已經不知去向。他可以安穩地抱著心愛的大娃娃，睡在小家房間裡他專屬的床鋪上，而我們會一直都在。

少年哭著說：「我怎麼那麼沒用，到現在還會想要媽媽……」

大一點的少年剛來的時候，可能是出於一路以來養成的生存法則，以及對於小家其他成員的陌生，習慣以武裝來遮掩內心的不安與焦慮。在彼此能和平相處、甚至稱兄道弟之前，生輔老師在小家少年之間的無數次衝突中，帶著他們體會在這裡，尊重、同理和好好說話是行得通的，而這些很可能在他們先前的生命經驗中並不存在。

某天晚上，剛來的少年Q因為其他成員無心的一句「幹你娘」而怒火中燒。我費了好大的心力，才把從未見過生母的Q帶進我的寢室。

我看著Q，彷彿看著曾經的自己……小學低年級的時候，我曾經因為同學一句無心的「幹你娘」，把手上熱騰騰的綠豆湯往對方臉上砸。當時對方也只是小學低年級的孩子，大概還不清楚自己罵出口的那句話是什麼意思，也不知道我的父母都是思覺失調症的病友，以及這樣的父母對當時的我來說，是什麼意義。

那是一份很深很深的缺憾、羞恥和委屈……這些感受，像是封印在我們細胞裡的一股能量，我們還不清楚從何而來、又該如何運用。在不知道會不會發生的那個未來，這股能量可能成為我們自我追求和體會人生的重要養分；但在能夠理解它、安頓它之前，彷彿從體內炸裂出來的這股能量，也可能不受控到把我們推向自傷或傷人的極端風險之中。

小學低年級的我，綠豆湯一出手，那股炸裂出來的憤怒仍在，但我很鮮明地記得當下心裡也湧現驚恐，那種不受控的感覺，好像是別人借了我的身體做這件事一樣。

而在我稍稍長大一點後，大到像Q這樣的國中年紀，本來就血氣方剛，加上一路積累的心傷，一旦炸裂開來便是往死裡打，一發不可收拾！但隨之而來的是難消的驚恐與內疚……

面對容易暴怒的Q，我試了好多方式去紓解他憤怒裡的失落與委屈，也想讓他相信，他有能力更好地陪伴自己。

「相信你，是我唯一的選擇。」我定眼看著Q說。

他怒視著我說：「誰需要你相信！我就是控制不住啦！」

「我相信的不是現在的你。我相信的是，如果從小在一個更有愛的環境中長大的你……」我說。

「我就沒有過那種環境啊！」Ｑ憤怒的眼眸漸漸泛溼，呼吸愈來愈急促。

「對啊，沒錯啊！所以如果你現在需要恨，就好好恨；如果很難過，就好好難過。你當然可以怨天尤人。而如果暴怒是你現在需要的，你也可以先繼續憤怒。但你知道的，在內心最深處，是你好失落好失落，那份失落在吶喊『我也想要父母在身邊啊！』」

聽我把他的憤怒化成語言後，淚雨澆熄了他的怒火。我順勢抱著他，他的淚水浸溼了我的胸膛。

「我怎麼那麼沒用，到現在還會想要媽媽……」

「我不會覺得你沒用。我只是心疼你，還有，我也愛你。」

我對Ｑ說，我們沒有辦法取代他的父母。父母不在身邊的事實，對他來說就是一種缺憾。這份缺憾是他的，我們能做的是讓他覺得不孤單。在他因為感到被愛而開始蛻變之前、在他能與這份缺憾好好共存之前，我們會盡量把自己撐大、撐寬，只要不溺愛了他。

讓傷痕昇華的地方

從滿足基本的身心需求，到追求學業與工作的穩定，再到面對各自的生命課題，「小家」，就是孩子和我們一起生活的地方。也像我一位夥伴說的，來到小家的兒少們就只是「換個地方長大」而已。

只是，長大本來就不如一般所想的那麼理所當然。對於來到家園的孩子而言，要「好好長大」，往往需要特別多的包容、指引和等待。

長大沒有不受傷的。但我的體會是，來到家園的兒少們，多半都在原生家庭受了特別多又特別深的傷痕。

順著我父母都是思覺失調症的病友，以及我在成長的路上領受過的愛，我深深地相信在關係裡受過的傷，終究得在關係裡癒合。這份相信，讓我對小家多了一份無可救藥的痴情。

小家，是讓傷痕昇華的地方。

「如果你有十萬元，你會怎麼花？」
每個孩子都渴望幸福的滋味

「如果你有十萬元，你會怎麼花？」

——每個孩子都渴望幸福的滋味

清晨五點剛過，我已經在駕駛座上，等著學生出現。

幾次雞啼聲過後，要去外地上學的孩子出現在車頭燈所能照到的盡頭處。我揉揉眼睛，孩子們上了車，邊打呵欠，邊互道早安。

放下手煞車，輕踩油門，新的一天要上路了。

「接送孩子」是生輔老師的眾多責任之一。平日裡，送學生上學、工作、看診；假日時，帶學生採買、看電影或是四處走走晃晃。

日復一日握著方向盤，不管是幾點，也不管要去哪裡，對我們來說，接送孩子從不只是把人從一個地方載到另一個地方而已。有點像畢業旅行時，在遊覽車上往往是最好玩的時候；穿梭在定點和定點之間的，往往是生輔老師與孩子產生最深刻連結的時候。

有一陣子，我利用接送孩子的時候，問他們：

「如果你有十萬元，你會怎麼花？」

「我要把一半的錢存起來，另一半捐給家園，讓家園幫助更多的孩子。」後照鏡裡映現出孩子既青澀又篤定的神韻，讓我會心一笑。

記憶中，有個小人類的回答是：「我要幫奶奶治病，還要把爸爸欠的賭債全部還掉，這樣他們就可以每天都陪在我身邊。可是國國……這樣的話，我是不是就不能每天在外面打籃球打到很晚啊？」

我用力握住方向盤，趁他不注意，偷偷地深吐了口氣。

剛滿十歲的他，是那種在學校裡讓老師傷透腦筋、媽媽帶著歉意說「對不起，這孩子真的很難教」的搗蛋鬼。他也是頂著十萬塊的誘惑，想到的卻都是最最親愛的家人的孩子。

「十萬塊可以買到機票嗎？」另一個小人類問我。

「要看你想去哪裡吧。」

「如果是到越南呢？」

「那可以買來回機票喔，就是把從台灣去越南的機票跟從越南回台灣的機票都買好。」

「可是我不需要回台灣的機票欸。」

他說，如果他到了越南，順利地遇見從未謀面的母親，那他要永遠永遠待在媽媽身邊。

我開啟Google Map，陪他找那個他想永遠待著的地方，然後問他如果見到媽媽，他想講的第一句話是什麼。

「媽媽我好想你，我好想好想你……」

「我要買一台雙門的跑車。」在返回家園用餐的途中，一個大孩子說。

「是喔？為什麼不買四門的？」

「因為門愈少愈屌啊！」

聽他這麼說，我指著一旁的車問：「這麼說的話，那台可以嗎？」

「幹！淑女車留給你買菜啦！」

大男孩邊教育我，邊流露鄙視的表情。「車就是要屌，別人才不會瞧不起你啊！懂嗎？」

「被瞧不起……」我在心裡重複著大男孩的話，然後問：「你從什麼時候開始覺得被瞧不起？」

「我媽是妓女，我爸是毒蟲，你覺得從什麼時候？從小啦！跟你一樣啊哈哈哈哈！」

不想被「看沒有」的少年，都是想要逆轉勝的少年。從腳踏實地、揚眉吐氣到天馬行空，他們所思所想的內容也許和我們不盡相同，但只要多聊兩句，就會發現不同的內容裡，其實都藏著相同的盼望——幸福的滋味。

豪邁。

「當然是開一間東山鴨頭店，然後再買一間房啊！」另一個大男孩講得非常豪邁。

「你的十萬塊跟別人的幣值不太一樣欸。這樣夠喔？」

「多講的，我的是美金啊！」

「那請問東山鴨頭大老闆，你的房子裡面住了誰？」

「有我外婆啊！還有我老婆、小孩和兩隻土狗。還有你啦，你顧門口！」

「我顧門口的事可以再商量啦。先問你喔，如果這些美夢都成真了，你感覺怎麼樣？」

「怎麼樣喔……就很幸福啊！我就是沒嘗過幸福的滋味……」

手握著方向盤，所有的生輔老師都在等待著，等待下一篇讓我們去推敲、去體會的故事。

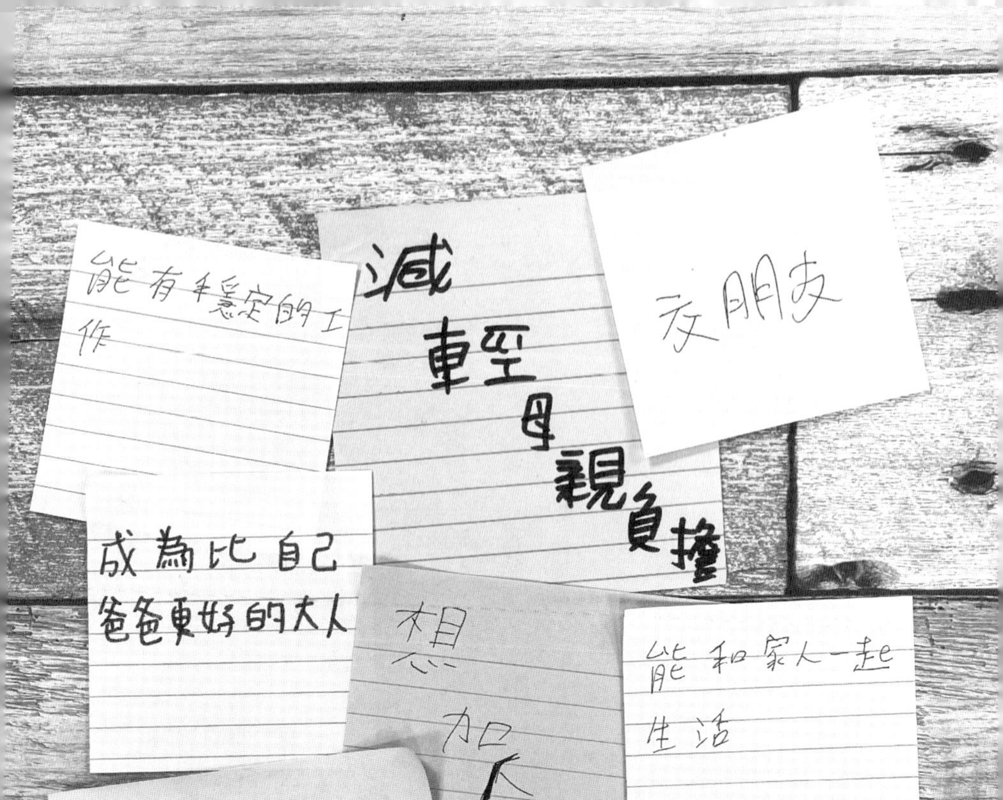

安置的孩子，有什麼夢想？

能有穩定的工作；減輕母親負擔；不讓別人擔心；以後不犯法；能和家人一起生活；成為比自己爸爸更好的大人；交朋友；想加入TFT；希望能一步步地朝目標前進……

他們不是沒有力、不努力，而是常常使不上力。

我真的真的希望你可以

——他們的過去發生了什麼？

小岳

罵髒話不是問題。
問題是讓一個小四生動不動就髒話連飆的那段過去。
他的過去，都發生了什麼事？

園裡年紀最小的小岳

逆著冷風，我遠遠地對小岳喊著：「你要不要休息一下啊？」「不要！我可以！」語畢，小岳轉回頭，繼續踩在那輛比他的身體還大的無變速功能腳踏車上，奮力地在台三線上，大腳往前。

沒過幾秒，他回頭對我補了一句話：「國國，你要是累了，可以先休息一下！」

從位在埔里的家園出發，到現在他已經騎了三十幾公里，而距離我們要去的竹山鎮露營地還有二十多公里。其他十六、七歲的少年們踩著高級變速風火輪，大概已經快到了，遙遙落後的小岳不僅沒有鬧脾氣、沒有放棄，還在體力快透支的時候，很體貼地想到我。

「我哪會累啊。我騎的是機車耶！」我邊在心裡回他，邊發笑，笑他的體貼，笑他的渾身是勁。

小岳真的渾身是勁。

他來家園的時候，是全園三十幾名園生當中，年紀最小的。大家都喜歡他，喜歡他的天真稚嫩、童言童語和笑口常開。

好幾次遠遠地和他對到眼，他就飛快地小步湊到你身邊，拉著你的手，急著分享他的大發現、大道理。

他也是家園中少數還算適應學校生活，甚至很喜歡上學的園生。每次接他放學時，還沒牽到手，他的眼神就會搶先與你連結。「國國，我跟你說喔——」他用眼神舉手、用眼神吶喊，就是想早一步讓你知道今天他在學校裡發生的大小事。

每一個都是「我們的」孩子

小岳問：「有爸爸是什麼感覺啊？」

那天，我們大手牽小手地走在學校外的人行道上，小岳活靈活現地敘述一整天在學校的冒險。突然間話題一個大轉彎，他問我：

「國國，有爸爸是什麼感覺啊？」

那困惑的眼眸大約才和我的手肘一樣高。我蹲在他面前，問他發生了什麼事，怎麼突然想問。他定眼看了我好一下後，說，有時候看到同學的聯絡簿是爸爸簽的，或是聽到同學說爸爸帶他們出去玩……

「其實我不知道是什麼感覺耶。」我柔柔地對小岳說。

「不知道？為什麼不知道？」

「因為我的爸爸媽媽都生病啊，他們都不在我身邊。」

「爸爸媽媽都生病！啊，國國你好慘喔！那我把我的媽媽分給你。」他眼裡有份驚訝，更有一份不藏私的善良。

我和他十指交扣，對他說了聲謝謝，謝謝他的慷慨。

我知道小岳的爸爸在他出生時就不知去向；媽媽因為現實壓力，在他念幼稚園大班的時候，不得不棄養他。從那時起接連五年來，他被迫流轉於從北到南、不同的寄養家庭和安置機構，每一年的過年都在新的環境裡，與不同的大人「團圓」，有口無心地說著「新年快樂」。

可這是我第一次握著這雙小手，聽他談起他那力不從心的爸爸、媽媽。

我問他：「記得爸爸的樣子嗎？」他搖搖頭。

再問：「會不會想要爸爸？」他點點頭。

「那想要爸爸的時候，你都怎麼辦？」

聽我這麼問，他只聳聳小小的肩膀，沒回話，眼神暗暗渾渾的。

「小岳，就像我是個沒有爸爸的人一樣，就算我再怎麼想，都不可能是你的爸爸。但是啊親愛的，你想爸爸的時候，可以來找我喔。我永遠永遠等著你。我會好好抱抱你！」

小岳立刻就抱了上來，一雙小手放在我的腰際好久好久。

我心裡當然知道他想要爸爸的時候會怎麼辦。更精確地說，我很清楚沒被好好愛著的孩子，在小岳這個年紀會做出什麼事。

我知道，我在陳綢兒少家園的同事們、全台百餘間安置機構的老師們也都知道。

我們歷歷在目，身歷其境，因為我們的日常都在體會：渾身是傷的孩子，也渾身是勁。他帶勁，因為有孩子專屬的天真，也因為有他專屬的童年失落。

這孩子，只求玉石俱焚……

「幹你娘勒，干你屁事！」這是小岳開口對我說的第一句話。

當時他剛到家園。有天，我遠遠地看著他和另一名園生快要吵起來，就開口想緩和氣氛，他的這句回應讓我一愣，心裡覺得荒唐到好笑：小四的學生，第一次見面就對著我喊想跟我媽有染，這麼帶勁啊！

還有一次，我出現在他們小家的客廳，向窩在椅子裡看電視的他打招呼：「嘿，小岳。」他又凶巴巴地喊著要跟我媽有染：「……嘿屁啊！」

罵髒話不是問題。問題是讓一個小四生動不動就髒話連飆的那段過去。他的過去，都發生了什麼事？

那段我們沒有參與，也無力改變的過去，卻是造成我們相處上，不時劍拔弩張的原因。為了讓孩子有更好的未來，我們必須承受他們的過去。而每個「現在」，我們都在心力交瘁間，努力撐出他們改變所需要的時間與空間。

這真的好難好難，因為髒話連飆只是標準配備、小菜一碟而已。

小岳的過去，讓他以幾乎是「三天一小爆、五天一大爆」的頻率，考驗著家園的照顧能量，每位社工和生活輔導老師差不多都領教過。而負責帶他的兩位生輔老師又是最最辛苦的夥伴，小岳在他們手上留下的深深咬痕和瘀青，就是最寫實的證明。

「社工了不起喔！」

「你以為你很屌嗎？幹你只是個屁！」

「你再吵，我就把你的頭砍下來！」

諸如此類的話搭配著各種拳打腳踢，是小岳的日常發揮。家園的主任還曾沒來由地被小岳比中指挑釁，揚言要開車撞死她全家。

有一次，小岳又爆炸了，他衝向停車場，抓起地上的碎石子想砸老師的車子，但在得逞之前，被大孩子們及時壓制住。即便力氣抵不過大孩子，他仍死命想掙脫。被壓在地上的他，紅紅血絲的雙眼裡噴炸出來的不是「想把你殺死」的敵意，而是「你就把我殺死啊」的無懼。

斷線時的他真的無所畏懼，像敢死隊一般只求玉石俱焚。

內心千瘡百孔的「小岳」，代表的是好多好多**曾經遭受嚴重忽視或虐待的孩子，他們需要的是復原，復原到在愛裡成長的樣子。**

我想盡力幫助他，在愛裡成長

某天晚餐後，夜自習才剛剛開始，我經過某間教室時，聽見門後傳來陣陣聲嘶力竭的吼叫，像幼稚園的娃兒用生命哭喊那樣，使盡全力。差只差在淚流滿面的小岳，短短十年的人生裡壓抑了太多、太久，而他已大到有能力把一路上的委屈，化為對大人的句句控訴。

他的生輔老師花媽開門跟我說了情況：這次是正在抗拒寫作業的小暴君，對著花媽和生輔組長宜鋒又打、又咬、又踹。

我進門一看，滿地的碎紙，以及兩個好辛苦的人哪：小岳，和守著他以免他自傷或傷人的宜鋒。看著這一大一小，小的早已氣到理智斷線，大的則竭力在按捺自己瀕臨崩潰的情緒。

「這裡根本是廢紙回收場嘛。」我心想。

我也是長見識了。幾次深呼吸的轉換，都還沒想到該怎麼接應小岳的暴怒，就只能靜靜地看著他，感受他洩洪般的怒氣。

低下頭，我不經意地瞄到自己穿著的拖鞋，突然有了靈感……

當我拿著原本穿在腳上的拖鞋，站到小岳和宜鋒跟前時，好像有半秒讓他們兩人呆住了，臉上刻著「劇情走到這裡不該出現拖鞋啊，大哥」。

也不知道從哪冒出來的靈機一動，就覺得既然小岳還在氣頭上，乾脆給他拖鞋砸牆壁，讓他再狠狠地發洩一陣子吧。

可能沒遇過這種「服務」吧，小岳一開始還不願意接過我的拖鞋。我推銷了好幾次，他才遲疑地試砸幾下。上手之後，他開始邊大哭、邊控訴，邊拿鞋砸牆壁、撿鞋子、再拿鞋砸牆壁的無限循環……

有那麼幾次，確定小岳沒在看這邊的時候，我偷偷笑了出來。心疼這孩子的同時，他表現出來的那股「我現在就是要砸給全世界知道」的堅持，其實滿可愛的。

他砸了好久好久，久到我數度放空，直到一只反彈的鞋子落在我身上，才把我的專注力拉回來。我心想：「都過了二十分鐘，親愛的，你手不痠嗎？」

他真的太生氣了。

我站得遠遠地陪他丟，時不時幫他撿鞋子，每撿一次就稍稍拉近和他的距離。慢慢地，我比肩陪著他丟，像教練盯著投手熱身。等他不知道是丟累了，還是丟膩了，我便陪他坐在地板上撕紙。

就撕吧，反正那些作業本早已體無完膚了。

見手搆得到的紙快被撕成切丁般的小，我伸長手臂，幫他撈過來較大張的紙，趁著遞紙片給他的時候，試著握他的手，見他沒反抗，我索性開始呼呼他的手，摸摸他手背上的水泡、傷疤。

「這水泡怎麼來的？」聽我這麼問，他暫停哭泣，切換頻道簡單說明後，繼續哭。我又問：「那這個傷疤呢？」他再切換頻道告訴我，說完了又哭。

一來一往間，看起來他差不多發洩夠了，我想，可以試著把他從循環裡拉出來了。我開始跟他說很多同理的話，但還不能太同理，不然他又會繼續哭。

我問：「小岳，你幫我釐清一下，你剛剛很生氣的時候，說的是這個意思嗎？……」他仔細地為我解說他想表達的是什麼。「小岳，這些太重要了，我覺得需要拿紙筆好好地寫下來。」我誠懇地向他提出邀請。於是，他去找來了紙筆。

終於，小岳能與宜鋒和我好好地坐在椅子上溝通。開始寫字之前，他還問我們要用什麼筆寫比較好，紙要擺橫的還是直的。看著他那眼睛發亮又篤定的樣子，好像是要起草教育白皮書一樣。

他每寫一句，我們就陪著他討論、協助他精簡，再讓他繼續寫下一個完整的句子。

「親愛的，你寫慢一點，再慢一點，這樣學校老師才看得清楚喔。」宜鋒的聲音讓小岳寫字的動作慢了下來。

在這個漫長的過程裡，我心有所感地對小岳說：「你現在做的事情很重要，一方面寫下了你的真實感覺和想法，另一方面，親愛的，你寫出了很多小學生、國中生的心聲。你很了不起。」

這不是作文課，我也沒有要鼓勵他的意思，只是把心裡的感覺告訴他而已。

看他寫得差不多了，我問他：「小岳，今天有兩件事很重要，一件就是我們寫的內容。另一件事，你猜是什麼？」

他沒猜著，我便提醒他剛剛靈魂被小火龍占領的時候，他對花媽、宜鋒造成的傷害，和對他們之間的關係造成的傷害。

這時，宜鋒先開口了：「小岳，我想先向你道歉。剛剛我是怕你傷到自己，才抱著你不讓你動的。你剛剛一定很不舒服，對不起。」

我順勢貼到小岳身邊，左手搭上他的肩，右手指向宜鋒說：「你看，宜鋒好不簡單喔，他先跟你道歉耶！你接受嗎？」

小岳不好意思地點點頭，接著也向宜鋒道歉：「我剛剛不應該對你拳腳打踢……」

眼看小岳的情緒緩和下來，宜鋒提議邀請花媽進來教室。「好哇好哇！」小岳很開心地答應。畢竟還是個小學生，情緒來得快，去得也快。

利用空檔，我對小岳說：「你心裡最自責的一定是對花媽媽吧。因為就像你好愛好愛她一樣，你也知道花媽媽好愛你。」他直點頭，雙手扭捏，淚水在臉上劃出兩條小溪。

花媽一進門，小岳的淚水瞬間氾濫成災。他哭到抽搐，內疚地道歉，而花媽一如既往地給他一個寬厚的擁抱。

近身搏鬥的消耗戰

花媽臉上藏不住的倦容，就像宜鋒和我的筋疲力竭。一個多小時裡，完全沒有餘力陪伴其他的園生，三位老師對著一個內在遍體鱗傷的小岳。

好消耗喔，日復一日如此的近身搏鬥，真的太消耗了。

我們有滿滿的意願陪他們好好走一段路，但我們沒有滿滿的氣力牽著每一雙手。一般家庭裡，父母對一、兩個小孩就常常費力到升天。我們每個生輔老師要對上四到七名不等的孩子，每個孩子都有自己特別辛苦的故事，也都有需要被細心看顧的需求。

在退無可退的時候，為了避免對工作人員的身心造成過度傷害，也為了避免對其他孩子造成傷害，我們必須放掉眼下的孩子，讓他轉換到其他地方。我們被迫讓他再次面對離別、去適應新的環境，而這當然可能加深他的心傷。有沒有新環境可去？新環境對他比較好嗎？我們只能盡力媒合，但現實不允許我們顧及太多。

小岳就是眼下的那個孩子。他來園不到一年，我們僅剩的選項就是讓他結案——離開……

無聲的控訴：「為什麼就是沒有人要我?!」

結案那天，小岳一大早就在中庭的木椅上呆坐著。

我不清楚這是他第幾次面臨這樣的場景，也許是第四次、第五次？而他只是個小四的孩子，個頭沒比他的行李箱高出多少。

我在三樓，遠遠地往下看——他的社工出現了，他的小家生輔老師也出現了，但我就是沒有勇氣走近。

漸漸地，人多了起來。可能是感受到離別在即，他仍坐在椅子上鬧脾氣。三、四個人輪番安撫之後，他才起身，拉著行李箱朝大門口走去，小小的身影滑過我眼前……就在接近大門時，他突然抱著一根柱子，放聲大哭。

每一個都是「我們的」孩子

「再給我一次機會嘛，我會乖乖的！這次我一定會乖乖的啦！」

如果眼淚會說話，小岳的淚水一定說著很不一樣的內容。我感覺他的淚是無聲的控訴：「為什麼！為什麼！為什麼就是沒有人要我?!」

那場面實在太沉重了，我想轉身離開，但就像醫師得學著面對死亡、園丁得面對凋謝一樣，我心知這是一場自己必須經歷的觀摩。未來他會不會更好，我深深祝福，但無從論斷。然而，這個當下是小岳開給我的「必修課」：**在徹底感受自己的無可奈何之後，我們還有什麼理由繼續走下去？**

我多麼希望你可以

小岳離開後，我常常想起他，畫面裡是他在河畔旁的公路上，賣力地騎車向前的背影。我逆著冷風，遠遠地對他喊著：「你要不要休息一下啊？」

「不要！我可以！」語畢，他繼續奮力向前。

我真的真的希望你可以。

你一點都沒有比別人差

——如何能撕去這些標籤？

阿虎（之一）

你的家庭比別人辛苦，但你一點都沒有比別人差。
別人羞辱你，你當然可以生氣，你應該要感到憤怒。
但你一點都沒有比別人差，記住這件事。

我們選擇「相信」

這是我第一次在晚上接少年回家園。剛做這份工作時，以為日常接送只是平淡無奇的例行公事，後來卻發現這是生輔老師最珍貴的工作內容之一。這段接送的路程裡，載滿無數我們與少年們嘻笑的回憶，還有哭哭啼啼的男兒淚。

生輔組長宜鋒開車，我坐在副駕駛座。從台中放學回來的阿虎在埔里客運車站等著我們。直到他甩門上車，我才察覺他根本是提著火。

阿虎剛在我的正後方坐定，就開始劈里啪啦地大聲抱怨，傾洩稍早在學校受的委屈。他說放學時，有一大群人在校門口聚眾準備鬥毆，不僅引來教官關注，連員警都到場來驅散人群。他只是剛好在一旁抽菸，卻被教官盯上，認為他也是一夥的。

「我就跟教官說：『我只是在旁邊抽菸耶！干我屁事！』」阿虎氣鼓鼓地把幾個小時前對教官講的話重述一遍。差別只在我們選擇「相信」。

但教官也有好理由選擇不相信他。阿虎在學校裡雖然大錯沒有，可是小錯不斷，大概已被教官列為心頭的黑名單。我完全可以想像在幾個小時前，教官室裡，少年沒好氣地極力替自己辯護，但他的辯詞聽在早有定見的教官耳裡，卻成了毫無悔意地頂撞師長。

「教官對我說：『我看你是沒救了！我明天就叫你的保護官送你去感化！』」阿虎重現教官發出的威脅。話一出口，好像這威脅又在耳邊重現，原本便提著火上車的少年瞬間彷彿全身沾滿汽油，氣到炸裂。

如環繞音響般地聽阿虎發洩十多分鐘之後，我突然感覺想給他一點回饋。我解開安全帶，轉向阿虎，請他扮演教官，而我來扮演他。

我先召喚出火爆國國：「就跟你說我他媽的只是站在旁邊喔！」對阿虎連飆十幾秒後，接著說：「然後啊，你感受一下這種方式的……」喘口氣換個心情，我變身為誠懇老實版的國國：「教官，我知道是因為自己先前的表現不夠好，才讓你不相信我，這我可以理解，也覺得自己有點責任。同時，這次我真的沒有參與。」

原本想請阿虎說說這兩種表達給他什麼感覺，但是看他目瞪口呆，一時還回不了神的樣子，便想說緩一緩氣氛，也是換個方法與他分享我想到的事。於是，我用兩種不同的方式跟他說「我愛你」，一種是戀人般的綿綿細語，另一種是猥褻流口水的變態老頭……他笑了。

「看你笑，我就知道你懂了！很多時候，這種衝突不是『內容』的問題，而是『方式』需要調整。我們都相信你，也都知道你委屈，可是想想教官的立場和感受，你用嗆聲的方式跟他說，他就算想相信也難嘛！就像你剛剛演教官的時候，我對著你噴火，你應該也恨不得把我送感化吧！」

演到這裡，家園到了。阿虎簡單地說了謝謝就下了車，要關車門前似乎想到什麼，探頭進車內，問我：「你叫什麼名字？」

「我叫國國。」

「國國……嗯好，我叫阿虎。不要忘記我！」

一個江湖味頗重的十七歲大男孩脫口說出「不要忘記我」，原來也那麼青澀可愛啊！

暴走之徒，蛻變為「萬獸之王」

在「陳綢大草原」上，阿虎可說是「萬獸之王」。晚餐集合時，少年們一開心，難免聊得太大聲，但他簡潔說一句「夠了喔」，就幾乎萬籟俱寂。處理資源回收時，要是他自願幫忙整理，其他少年們也會跟著有樣學樣。

作為萬獸之王，阿虎有時也幫忙處理紛爭，可能是因為誰和誰互看不爽、誰偷了誰的東西等。少年們的用語是「開庭」、「私刑」之類的。就我來說，只要在我們有所掌握的情況下，讓他們練習自己好好地處理紛爭也相當重要。阿虎的處理有時難免有瑕疵，但大體來說相當公允，展現大將之風的同時，又能讓其他少年心服口服。

阿虎有影響力，一方面是因為他從國二來家園到現在，已經是待了四年的老鳥。但更重要的是他從入園以來的努力，使他在少年之間變得真正有分量。

從剛來的暴走之徒，蛻變為如今的萬獸之王，看在一路陪伴阿虎的夥伴眼裡，真是覺得太不容易。社工們三天兩頭跑去學校幫阿虎擦屁股，不是向老師道歉，就是跟同學們的家長道歉。而家園少年們發火會打壞的東西，電扇、窗戶、電視、飲水機、意見箱……他一樣也沒錯過。

有一次我問阿虎，他怎麼看自己一路上的蛻變。他難得靦腆地說：「靠腰啊，講成這樣，我會不好意思啦！就慢慢大了，才比較會想啊。而且家園的老師那麼包容我、不放棄我，一直這樣白目下去，我都會看自己沒有了！」

我沒參與那段過去，但可以體會絕對不像走高速公路般輕快、省時，而是社工、生輔老師和阿虎一行人，在峰迴路轉無數次後，才終於在山谷裡看到前行的方向。

我為阿虎奮力的風采傾倒。

你一點都沒有比別人差

每週一到週五，早上五點四十分之前，阿虎就得出門趕搭客運，不然無法準時抵達位於台中的學校。上完一整天的課後，他得在晚上七點前趕回埔里，不然飲料店的工作會遲到。每天深夜十一點多他下班回來後，對我來說都是掙扎，若不催促他趕緊洗澡、睡覺，怕他隔天起不來；但真催促他，心裡又過意不去，好像逼著他過機器人的生活一樣。

週末從早上八點到晚上八點，去當水電學徒，這是他在學校能從丙級到乙級，考到一張又一張專業證照的關鍵。

一整個禮拜下來，阿虎真正能休息的時間，就只有週日晚上的短短幾個小時，還不能太晚睡，因為隔天清晨五點四十分得出門……

那天，我照常去客運站接放學的阿虎，看到在路旁等待的他，感覺得出他在學校又負氣了，深深的傷，直指要害。

我沒回家園，先載著他駛往虎頭山，那是少年們需要散心時，我們常去的地方。

車上，我們都沒開口，直到快到山頂的時候，阿虎壓抑下來的委屈終究炸了出來。他放聲大哭，眼神帶著恨意，身體止不住地顫抖。我把車停在路邊安全的地方，沒出聲，就只是陪著他，陪他對著埔里盆地咒罵，咒罵這個世界有時候太過無情與不公。那個當下，我無話可說。

當天深夜，在少年們一一睡去後，我試著把所思所感寫成一封信，放進他每天早上五點四十分出門時穿的大外套口袋裡。

親愛的阿虎：

坦白跟你說，我在你這個年紀，哪個同學要是在我面前嘴我的父母、說我是孤兒，我一定斷了線地往死裡打，所以我覺得我沒有資格指責你什麼。

然後如果哪個老師急著跟我說我當下應該如何如何理性、成熟地處理，我猜我在

每一個都是「我們的」孩子

你這個年紀也只會回噴他：「我已經盡力了！你生在我的家庭、走我走過的路，再來跟我說要成熟、要理性！」

你的老師這次要你被帶回管教三天，我知道你覺得委屈、覺得不公平。明明被羞辱的是你。你為了出手打人付出代價的同時，對方居然隨口道個歉就安全下莊。

我們都知道一堆在矯正學校的少年也曾受過類似的委屈。被看不起、被貼標籤的是我們，因為被羞辱而打人的是我們。被帶回管教的是我們、被送感化的是我們，最後的最後，最有可能進到成人監獄的也是我們。

我猜想，學校的老師也有老師的限制。如果今天每個老師都只要帶十來位學生，我想老師可以處理得更公正。這一切都很不公平，但它很真實。學校不公平，在社會上也不公平。

再遇到類似的事情時該怎麼反應，我們之後再說。

我現在只想跟你說：你的家庭比別人辛苦，但你一點都沒有比別人差。哪個誰羞辱你，你當然可以生氣，你應該要感到憤怒。

但親愛的，我再說一次，你一點都沒有比別人差，記住這件事。

永遠為你傾倒的國國

跌倒了，再站起來就好

——存下十二萬，離園後能活多久？

阿虎（之二）

對於家園的孩子們來說，
未來所謂的成功，當然有可能是上大學、成家立業。
但更多時候，光是為了「活下去」，他們便窮於應付。

勇敢，是帶著恐懼向前走

努力活出自己名字的阿虎：
關於獨立，你已經做了好多好多。
那晚，坐在副駕的你分享了好多來家園以後的改變：你努力適應環境、半工半讀、證照一張接著一張考。每一步都好不容易，都值得你停下來回頭看看自己已經走過的路。規劃未來的同時，也請你回首來時路。

那晚，你也談了好多未來的可能，我感受到你深深的焦慮。很真實的感受。

我想，焦慮是邁向自由的邀請，而在享受自由的同時，我們都必須面對的課題是，如何和焦慮好好相處。這我也還在學，我們一起學。

送你一句我常常拿來安慰自己的話：

「勇敢，是帶著恐懼向前走。」

和你比肩同行的國國

這封信寫於阿虎在家園第四年的尾聲，也是最後一年。來年六月，他將要高中畢業，從家園結案，啟程至下個階段。

阿虎面對的情況，我們都不陌生。大學畢業前夕、碩士畢業前夕或是退伍前夕，我們也都為自己的下一步盤算著，在未知所埋下的焦慮和興奮間，面對自由的課題。

就因為阿虎面對的是每個人都會遇到的課題，在陌生人的眼中或許顯得稀鬆平常，不值一提。可是以阿虎為代表，這些在安置機構或是感化教育中迎接成年禮的少年們，在未來旅途中所擁有的資源，真的不比一般的孩子。

一般的孩子像是開著家庭房車上路，油箱裡，滿是情感和物質的支持。而像阿虎這樣的少年，則像是騎著腳踏車，隻身前行，車上可能連杯架都沒有。

譬如說：十二萬元。

對一般的孩子來說，高中畢業時的存款如果有十二萬，算是滿寬裕的，足夠應付所有需要和想要的開銷；或者就算自己的存款沒那麼多，家人也能適時地提供金援。

但是，對於與阿虎背景相似的孩子們來說，情況完全不一樣。最現實的一點就是，結案時，能像阿虎一樣存到十二萬的孩子並不多。他能存到那麼多錢，一方面是把四年來，家園每個月發的六百元零用金扣掉必要的生活開銷後，存下來的。另一方面是他上高中後，都穩定地半工半讀，從那遠低於法定基本工資的薪水裡聚沙成塔的結果。

十二萬，可以撐多久？

而即使有十二萬，靠著這筆錢可以撐多久？

許多少年以為在家園期間存了一筆「鉅款」，對未來有無限的美好想像。但在結案前，經過社工陪著精打細算一番，他們便跌落回現實，體會到未來的路有多麼硬。

許多人是無家可歸的，所以要租房子吧，行情價是一個月房租加兩個月押金。生活在非都市地區或工作所需，要有機車吧，從中古到全新，兩萬到八萬塊左右。上大學所需，或是想擁有小小的奢侈品，要筆電吧，無論中古或全新，又是一筆至少破萬的開銷。再加上生活費（不准買宵夜）、社交費（最多去夜唱）……

先假設都不生病、也沒有意外，靠這十二萬，也許就只能撐個三個月到半年。

在這段期間之內，必須找到穩定的工作，但等著他們的工作多半是低薪資、低技術、工時長且高風險。一般人在意的培養技能或升遷機會等選項，對他們來說是可遇不可求的。

透過各種媒體管道，我們很容易留下一種印象，認為從安置機構或感化教育出來的孩子們，就是不潔身自愛、難被教化和抗拒不了誘惑。但我總覺得更多時候的實情是，**這群孩子常常背著求助無門和走投無路的壓力。和我們一樣在社會上求生存的同時，他們僅有的選擇，緊迫到令他們喘不過氣。**

也許是一種理性選擇的墮落吧，為了活下來，他們純白的心，墜入了灰黑難辨的世界，這裡面有真實的惡，也有被我們貼上去的標籤。

對於在家園生活的兒少們來說，未來所謂的成功，當然有可能是上大學、成家立業、安穩度日之類的。但更多時候，光是為了「活下去」，他們便窮於應付。

就這點來說，阿虎是幸運的。憑著自己在家園期間的努力，有一技之長，也存了一筆錢。而在離開家園後，至少有叔叔作為後盾，讓他還有個「家」可以回去。

「返家適應」的掙扎

好好長大是需要運氣的，叔叔就是阿虎的幸運之一。

由於一場死亡車禍，阿虎在十歲時失去了父母。這八年來，他的叔叔雖然因為現實的考量而無法貼身照顧，但盡可能地維繫著這條親情線。

阿虎學水電就是受到開水電行的叔叔影響，盼望長大後可以跟著叔叔一起努力。而過年、清明掃墓、中秋節等假期，他都會回去叔叔家過節。有年除夕，他給我一個大大的擁抱，對我說了「新年快樂」之後，便朝著停車場狂奔而去，因為叔叔在車上等他。那背影看上去好開心喔！難得可以脫離又愛又恨的家園幾天，而且還是回去與最支持自己的家人團圓。

這份開心，是回家的味道。

不過，直到陪伴阿虎走過結案之前的「返家適應」歷程，我才理解到，對他來說「回家的味道」，卻也有幾分寄人籬下的失落。

為了銜接結案之後的生活，從第四年的年底開始，阿虎每個週末回叔叔家，聯繫一下親情，也為了更熟悉未來的生活環境。

但每次從叔叔家回到家園，他卻帶回來滿滿的委屈，訴說自己察覺到嬸嬸的嫌棄。「我洗澡洗得久了一點，她嫌我浪費水。不小心忘記關上客廳燈，她虧我是貴公子。看電視，被酸是米蟲。滑手機，又被她罵沒有用……」

有時候氣不過，然而看在叔叔的面子又不方便頂撞嬸嬸，實在是家裡待不住，只能往外跑。但外頭沒有熟識的朋友，他有時乾脆睡在公園，或者去幾百塊錢就可以包台過夜的網咖。有好幾次，明明傍晚五點半才收假，但他一早就拎著行李離開，為了省錢，在便利商店打發時間。

「我真的很可憐，就像隻過街老鼠啊！別人是手機成癮，我是不知道要去哪裡、可以做什麼，在7-11打手遊打到哭耶……」

他立下宏願：「我一定要買到自己的房子！」

這年的最後一天，我去客運站接返家適應收假的阿虎。他看上去悶悶不樂，我便刻意

每一個都是「我們的」孩子

繞了點路，車慢慢地開，聽他吐苦水的同時，也試著轉換一下他的心情。

這天是阿虎的十八歲生日。我問他的生日願望是什麼，他立刻回答：「我早就想好了！但按照行情，只能透露兩個……」

他希望自己能順利結案、買機車、上大學，當完兵後要靠自己腳踏實地活著……「我一定要買到自己的房子！」他突然充滿鬥志地發願。

這樣算下來，到底許了幾個願望啊？不過，這樣子的願望，再多都好！雖然好難，但好值得努力。

這晚，我們小家買了好多無酒精的香檳飲料，為了跨年，更為了慶祝阿虎十八歲。

跨年倒數的時候，我們師生七人或穿雨衣，或剩內褲，聚在後陽台來場香檳浴。這群少年視規矩為無物，從後陽台噴到廚房、客廳，戰線一路拉到浴室，髒話聲、尖叫聲和嘻笑聲此起彼落。淋得最慘的當然是壽星阿虎，他一個不小心在溼答答的地板上摔了一跤，屁股直接落地。

「摔跤就摔跤，拎杯再站起來給你們看！」

其他少年們拍手歡呼。

我看著內褲溼透又狼狽不堪的阿虎，想到他已亡故八年的父母，他們沒機會在兒子心裡留下太多畫面。我多想將這個畫面獻給虎爸和虎媽，希望他們聽得到阿虎這句：

「再站起來就好！」

他只是想拉住那條脆弱的友誼線

隔年的上半年，是阿虎在家園的最後一個春暖花開。各種結案準備已一一到位：去哪裡念大學、在哪裡工作……並且，他終於找到了與嬸嬸相處的平衡點。

但就在這個節骨眼上，他卻再次面臨死亡偷襲——高中的摯友車禍身亡。

阿虎當然想為好友上香，但是家屬表明婉拒親人以外的人參加告別式。儘管如此，他仍執意要去，這件事造成阿虎與社工和我之間的衝突再起。我們百般勸說，他卻氣我們害他不講義氣。

一天深夜，我聽見阿虎為了這件事，在寢室向其他少年咒罵著社工和我。實在好氣他的固執和不懂事，但我按捺著待在生輔寢室裡。對我來說，小家的寢室是少年們僅有的私人空間，平常我要進出時，都會敲門，並且除非必要，否則不會在他們氣頭上進去。可是愈是聽著他謾罵，愈覺得有必要向其他少年們解釋事情原委，於是我沒敲門便直衝進他們的寢室，對著阿虎飆話：

「你要怎麼罵我，我都可以理解、可以接受。可是你要搞清楚，人家死兒子已經夠難過了，這一點小小的請求很過分嗎？這點要求比不過你所謂的義氣嗎？而且你的義氣，說到底是你的面子在作祟吧！」

我終究是帶著憤怒的。

隔天一大早，照舊載阿虎去搭車上學。一路上，我們誰都沒開口。直到下車前，他終於不吐不快。

「我就還是有朋友會去啊！而且你說的面子只講對了一半，你根本沒有考慮過我的立場！上高中之後，一堆朋友的約，我都不能去，就因為我住在埔里，因為要配合家園的生活作息。你知道我學校的朋友後來乾脆都不找我嗎？我就已經沒什麼家人了，搞到最後如果連朋友都沒了，以後我在外面生活要靠誰？你有想過這些嗎？」

他說完就直接甩門下車，我還來不及向他說對不起。

我真的沒有想到這些。

約莫中午的時候，阿虎傳來訊息：

「大家兄弟一場，吵架難免，你不准放在心上！告別式我就不去了，之後再找時間去上香就好。但你要記住，我沒有你想的那麼幼稚，死光頭！」

跌倒了，再站起來就好

結案之後，阿虎依照先前的規劃，在大學裡念他想專精的科系，課餘時間打工賺生活費，有空時則跟朋友騎車跑山。

在社群軟體上，不時看見他發騎車過彎的帥照。但我這個過來人看著是心驚膽跳的，只希望他在甩尾耍帥之餘，能夠身體健康、四肢健在。

一天早上，收到他傳來一張「戰駒」倒地刮傷的照片，我急著傳訊息問：「發生了什麼事？」「有受傷嗎？」但他都已讀不回。直到傍晚，才收到他的簡訊：

「抱歉剛剛在上班。我人沒事啦，你這個光頭老人家！再說你忘了嗎？如果我摔倒了，再站起來就好！」

我除了哭笑不得外，想到他那狂妄自負的年紀，頓悟了對他再多的碎唸、提醒，也是枉然。如果他的爸爸媽媽看得到訊息，我還真想回：「虎爸虎媽，看來，我們還得操上一段心了！」

你看見了嗎？你真正的樣子

——孩子無法專注，原因可能是什麼？

阿濱

在安置機構與矯正學校，
許多孩子有發展障礙、情緒行為障礙、學習障礙等狀況，
這困境卻極少獲得關注，甚至鮮為人知。

受「障礙」所困的孩子，真相需要被看見

比起一般的家庭和學校，在安置機構與矯正學校之中，有更高比例的孩子有「發展障礙」、「情緒行為障礙」、「學習障礙」等狀況。然而，這樣的困境卻極少獲得關注，甚至鮮為人知。

因為**我們這些單位就像是社會安全網最下方的「盆子」，上方若是名為家庭和學校的網子，身為盆子的我們便承接著網子攔不住的細沙。但也由於太細微，這些孩子的**

困境很不容易被社會看見。

阿濱就是我們攔住的細沙之一。

他來自台東的小漁村。最開始，由於原生家庭無法照顧而進入安置機構，在輾轉換了幾間機構的過程中，又因為觸犯刑法，成了司法少年。

來到家園的這幾年，他白天在機車行工作，晚上上學進修。現在的阿濱已經是車行的二把手，學校裡浪子回頭的模範生。

「你是怎麼辦到的？」某晚去台中接放學的阿濱回埔里時，看著後視鏡裡他累趴的樣子，我問他。

會這樣問，一方面是想鼓勵他，一方面也是真的想知道他怎麼看待自己一路上的努力。

「因為我一直有吃藥啊！」阿濱理所當然地說。

這句理所當然的回應，其實是好多孩子的經歷，但也是這幾年來，我最難開口的一個疑惑。

孩子「注意力不集中」的可能原因

許多少年生於不安穩的家庭，自出生起，便在遭受忽視與虐待的混亂中成長，在進入學校教育前，身心狀態極不穩定。進小學後，又因為注意力不集中、難以投入課程，而被診斷有注意力不足過動症（Attention Deficit Hyperactivity Disorder，簡稱ＡＤＨＤ），因而開始服用藥物。

然而，對於孩子被診斷有注意力不足過動症而服藥的情況，我有深深的困惑和懼怕。在實務上，注意力不足過動症確實有過晚才發現，導致延誤診斷的現象；但是關於注意力不集中，我們也不能忽略其他的可能原因。

一個學生在學校表現得注意力不集中，可能的原因有很多：基因和生理的因素；家庭、學校的環境因素；當然也可能是多重原因，甚至有共病的現象。有愈來愈多關於創傷知情（trauma informed）與兒童逆境經驗（Adverse Childhood Experiences，簡稱ＡＣＥ）的研究證實，一個人若在生命早期，長時間處於被忽視、虐待的惡性壓力中，將嚴重癱瘓其學習狀況，當中最嚴峻的影響之一就是注意力不集中。這是環境的問題，並非單靠藥物所能改善。

在學校被觀察出注意力不集中的學生裡，不乏更適合動態學習與實體操作的孩子。

這些孩子對於重視靜態學習、紙筆測驗的義務教育，原本就適應不良。大人無法因材施教，會不會成了他們服藥的其中一個理由？

此外，教室裡的學生，不像電影院的觀眾若覺得片子難看，可以睡覺、偷滑手機或離開現場。即使遇到認為無趣的老師、無趣的教法，學生們仍被要求得乖乖地留在教室裡，專心上課。

正因為導致注意力不集中的原因很多、很複雜，不可否認的，藥物確實是改善問題的輔助方法之一。我擔心的是，藥物的使用方法，是否影響了我們怎麼看待學生與他們如何看待自己。

像阿濱這樣的少年，從家庭到學校，一路上被親友、師長們貼了各種「不好」、「不乖」的標籤，不管看上去再叛逆，但久而久之，骨子裡的自信心比一般人更低落。

他們被鑑定為「有問題」之後，往往從國小便開始服藥，直到成年。在這段期間，藥物或許對他們的改變有輔助效果，但長時間用藥，卻很容易使他們產生自己是「病人」的自我認同，也因而更自覺矮人一截。

給孩子服藥的是大人。但**如果我們僅以有限的目光去看這一切，看見的只是大人的需要，並非孩子們的真正需要，而他們看到的會是一個殘破的自己。**

我們有義務扛起責任，協助這些孩子去發展自我認同，讓他們看見更完整的自己。

以淚水留住心中最柔軟的部分

阿濱告訴我，他爸爸不顧家，常常一出門就不見人影，只有在缺錢花用時才會回家，奪走他媽媽賺來維持家計的錢後，再度失蹤。這些事情他當然沒印象，都是聽親戚說的，因為他出生後不久，爸爸就因為吸毒過量而暴斃。

但幸好，媽媽始終在他身邊。小時候，媽媽還會在深夜帶他去看海，緊緊懷抱著他避開海風。他記得媽媽喝了酒會自在高歌，唱得盡興時便大笑，隨後又放聲大哭。

可是，在小學五年級的某天，放學回家後，他哭著找遍了家裡的每一個角落，都空無一人，媽媽從此不知去向……

直到十六歲時，他在路上偶遇母親，見她懷抱著同母異父的弟弟。短暫的相遇裡，阿濱的視線始終離不開媽媽，媽媽卻對他視而不見。

一場相逢，兩樣情。但我沒有資格評論什麼。我只問阿濱，在那之後，他有哭嗎？他回我說：「我已經不是小學生了。再說，哭又有什麼用。」

有用、有用、要有用，少年們其實都想做有用的事、成為有用的人。我猜想對於現在的他們來說，除了有「明天會更好」的期待外，更壓藏著急欲證明的還擊，並且帶著隱隱作痛的不甘心。

願有一天，我們的陪伴終能讓孩子們體會到：是的，淚水沒辦法改變事情，但淚水可以安慰自己。在「成為有用」的高低起伏裡，願淚水終能替孩子們留住心中最柔軟的部分。

阿濱說：「我不想讓她覺得我是壞人。」

阿濱沒說的、說不出口的，都化成他日復一日的努力。

自幼沒了父母、在安置機構長大、半工半讀、服用藥物……有太多因素讓我們無法確定，他這一路上的努力能不能化成未來的幸福。但就是現在，每一個現在，我們得成為阿濱需要的鏡子，讓他在與我們的互動之中，看見自己的努力、認可自己的努力。

有回接阿濱放學，他一跳上車就跟我說他等一下要和女朋友視訊，想介紹給我認識，並提醒我不要提到他住在機構和有在吃藥。

每一個都是「我們的」孩子

「我不想讓她覺得我是壞人。」阿濱這樣說。

「你說的壞人是什麼？」

他一臉「你明知故問」的表情，回說：「就是壞壞的人，或壞掉的人啊！」

我看著後座的他，決定回到家園後，就算再累，都要寫封信給他——

每次下班前洗手撥髮都帥度爆棚的阿濱：

「我不想讓她覺得我是壞人。」後座的你是這樣說的。

提醒我你要和女朋友講話，要我別提到家園、別提到安置機構。

夜很黑，車裡很暗，我回頭找你卻看不清楚，就像……

你看見了嗎？

那個當自己的父母，非常早熟又很疲憊的阿濱？

那個從花東流浪到無數個機構，之後又到埔里努力生活的阿濱？

那個在家園近三年的時間裡，愈來愈可以控制自己脾氣的阿濱？

那個靠自己練得渾身技能的阿濱？

那個一大早起床認真工作，下班後又直奔夜校，會累、但不言退的阿濱？

親愛的，幫我一個忙，有空的時候，好好看看阿濱。

看他的堅持、他的改變、他的細心和溫柔。

另外，也邀請你和我一起練習一件事——

在不斷努力的同時，提醒我們自己：

「我已經夠好了，我只是想要更好！」

全天下的男人味就喜歡你這款的國國

你看見自己了嗎？

我們都是這樣吧，在時間裡累積經驗和知識，慢慢形塑出待人處事的底蘊、原則和風格，這些便成了我們雙眼戴上的無形鏡片。這副「鏡片」很重要，但不一定總是好用，某些時候甚至武斷得可怕，因為有時候我們自以為看清楚了，其實對於真實情況根本「看不見」。

隔在少年「對自己的看見」與我們的「看不見」之間，是長大的代價。長大的我們不容易覺察到，有時候不是自己握有經驗和知識，而是經驗與知識占據了我們。更難覺察的也許是，我們來自一個不容人更全面自我認識、更自我肯定的文化。

每一個都是「我們的」孩子

如果少年們能從我們身上看見更多的他自己，我猜想，那是因為我們先對自己有更多的認可與疼惜。

「你看見自己了嗎？」

這一句話，是給這些孩子，也是給我們自己的問候。

我們不會叫你開槍，因為我們愛你

——愛的能量足夠建立自尊嗎？

大牛（之一）

我極力提醒自己，不要把這些視為標籤。
這樣的孩子就只是與多數人不一樣，
而我們的任務是讓他帶著自尊，去適應這個社會。

他大哭，因為被阿公關在籠子裡

我們第一次認識來到家園的孩子，是透過一張有著密密麻麻訊息的紙——在這張「個案評估表」中，除了一些基本資料之外，多半是各種與少年們有關的「問題」：家庭問題、學業問題、人際問題之類。

這張評估表是不得不使用的一個篩選步驟。因為家園的照顧能量有限，我們必須先初步評估以家園的能力，有沒有辦法照顧到這些少年們的需求，後續再針對有服務空間的少年，進行家訪和邀請他們到家園參觀。

我自己對這張表單其實是戒慎恐懼，或是說，我總想看到從表單裡「看不到」的面向和故事。

有一個深得我心的譬喻是這樣的：在黑白相間的太極圖中，若我們刻意要擦掉黑色，有時候會愈擦愈黑；換個方式去盡可能放大「白」的部分，那黑色範圍自然會相對縮小。我想去感受一個家庭或少年身上「白」的部分，即便再細微，我都想盡力去看見。那份白通常是不為人知，或者不被社會認可的努力，但它也是調和太極圖黑白比例的關鍵。

順著這樣的想法，我喜歡跟著社工去少年觀護所面訪可能進案的少年，並且拜訪他們的原生家庭與成長環境。

那天下午短短半個小時的面談，我們在戒護森嚴的少年觀護所，第一次見到大牛。數字和表單終究是冰冷而呆板的。實際見上一面，才發現大牛黑黑的矮壯體形，比個案評估表中的紀錄又大上一號。

透過短短的晤談發現，與大牛對話，必須使用直接、具體的語言。他需要花比較多的時間思考問題，回答起來也有些詞不達意。

在這彷如面試的場合面對陌生的人，加上希望被安置而非送感化的焦躁，緊張是在所難免的。但一名十五歲少年的應對進退能力低弱至此，令我想起個案評估表中的那個詞：「輕度智能障礙」。

時間有限，在準備前往大牛家做家訪前，我問他：「你記不記得，上次大哭是因為發生了什麼事？」

大牛被問得有點措手不及，回想一下後，抓抓頭，傻笑地回說：「啊就被阿公關在籠子裡出不來啊……」

大牛家也是他阿公做資源回收的地方。陰暗的小小空間裡，塞滿各種回收物品，牆上掛著大牛的父母和阿嬤的遺照。

在這些照片下方，阿公努力清出空間，擺了張小桌子。桌子的正中央放了一張裱框的獎狀，是大牛念小學五年級時獲頒的「最佳進步獎」。

從阿公拖著因中風而行動不便的身子為我們送上茶水開始，我們一行人聽著阿公講古，那裡頭盡是道不完的苦。「大牛以前很乖，是後來交了壞朋友才……」阿公講著講著，沉默了。

類似的苦難太多太多了，像是劇情千篇一律的電視劇，但每回傾聽又有如舞台劇——在相似的劇情裡，總有著獨特的情感流動。

阿公顫抖的手、挺不直的腰、滿是皺紋的臉龐，在在牽動著我。我暗自對自己說不要太走心。

大草原上的野牛

相隔幾個禮拜後，大牛來到了家園。來到大草原的這頭野牛，走的不是古惑仔路線。他的人來瘋與令人啼笑皆非的風格，使他自成一格。

剛到家園的時候，他很愛在用餐時把腳抬上餐桌、大庭廣眾地將褲子脫到膝蓋，總說著只有自己大聲狂笑的笑話，熱衷以低級、猥褻的方式接近來家園實習的女大學生。

「國，我打電話預約剪髮，是不是要說是家園的啊？」有一次，他問我。

「對啊。埔里的很多友善店家會賣陳綢阿嬤的面子，用他們的方式支持我們。」

也不知道大牛有沒有把話聽進去，他撥通了電話。「ㄟ，我家園的！」預約剪髮的語氣像在亮堂口招牌或討保護費似的。

「大牛先生，請問你是打電話預約剪髮？還是要論輸贏？」每當他的行為舉止太過「異於常態」時，我們都會語氣堅定地向他解釋，並請他調整。這次，我就花了幾分鐘跟他講，大家通常是怎麼預約剪髮的。

社會刺激不足、發展遲緩、智能障礙，大牛的種種表現，確實很符合當初個案評估表中的描述。

為了他好，我們必須正視這些現象。然而與此同時，我也極力提醒自己，不要把這些現象視為標籤。像大牛這樣的孩子就只是與多數人不一樣，而我們的任務是讓他帶著自尊，去適應這個有時連我們自己都適應不良的社會。

我們不會叫你開槍，是因為我們愛你

一天午後，社工陳兔子接到學校打電話來說大牛打了人，連忙找我一起趕去學校。教師辦公室裡，我們陪著大牛直向被打的學生和家長道歉。終於，在班導師緩頰下，原本怒火中燒直指大牛霸凌自己小孩的家長平復下來，進而接受我們的道歉，讓事件就此落幕。

家園的少年在學校發生衝突是很棘手的事。一方面是不少人對於家園少年都有「壞孩子」、「不受教」的印象，而大牛帶給外人的感覺更使他受盡劣勢。另一方面，霸凌這個議題固然重要，但在時勢下，造成家園孩子完全沒有犯錯的餘地。學校本該是適度讓學生因犯錯而成長的空間，現實卻是家園少年們在學校動輒得咎。

「幹！要是我老大來，早就叫我把槍開下去了！」走出學校後，大牛吊兒郎當地喊著。

這不是大言不慚，而是大牛對於事情的理解就是比較粗淺。再說以他的特質，真正要幹大事的老大根本不會想吸收他，他只是抒發剛才在學校的壓力而已。

「你知道為什麼你老大會叫你開槍，但我們不會嗎？」我問大牛。

「你們就俗辣啊！」這下子他真的是大言不慚。

「陳大牛！你給我站好聽著！」

在我刻意裝出的氣焰下，陳兔子很配合地雙手扠腰，瞪著大牛。還在累積世事經驗值、不大懂得察言觀色的大牛低著頭，不發一語。

「平時就常常跟你說，你很善良，然後跟我一樣笨笨的又人來瘋。你那狗屁老大叫你開槍只是在利用你的單純。我們不會叫你開槍，是因為我們愛你。」

我停了幾秒，給他一點時間消化我的意思，接著繼續說：「剛剛在辦公室，我是給你面子！你知道我文國士在學校打人，和一個家裡有權有勢的少年在學校打人，可能有什麼差別嗎？」這是個不容錯過的機會教育。「你很清楚我家的狀況，我打人，那叫『瘋子的小孩不受教』，法院見都是有可能的。家有權勢的小孩打人，那叫『壓力大而一時失控』，搞不好去訓導處寫寫悔過書就沒事了。」

我與大牛四目相對，口氣嚴肅。

「一樣的道理。今天你運氣好，對方沒受什麼傷，人家的家長又寬宏大量。但如果對方家長的後台很硬，又不願善罷甘休，你告訴我現在你人可能會在哪裡?!」

我想告訴大牛的是，長大的事情可以慢慢來，但長眼的事最好學快一點，不然我擔心他沒機會好好長大。現實裡，同樣的一件事，背景不一樣，結果就可能不一樣。

我還想跟大牛說，對不起，因為他像我一樣無依無靠。在現實的世界裡，沒人有義務去體諒他，而他也不會每次都那麼好運。

現實很少善待最需要空間的人，愈單純的人愈是。他必須學會。

保護自己，是為了追求你要的幸福

——愛與性的界線，如何拿捏？

大牛（之二）

青少年的性議題是我們常遇到的燙手山芋，
因為這件事可以很天真、浪漫，
但也嚴肅到不容閃失。

唯一的問題是：你願意學嗎？

「國國！」大牛叫我，「我把客廳的燈修好了。」
「那麼主動，那麼棒！可是你哪來的新燈泡啊？」
大牛志得意滿地說：「我拆樓梯間的燈泡啊！」
「這位大哥……我冒昧地問一下，那樓梯間暗暗的怎麼辦？」
「哈哈哈哈哈！我沒想過欸！」

這就是大牛，要不是總少根筋，他會是永遠不嫌多的好幫手。大清早的田裡、正午下的停車場、晚餐後的中庭，時不時可以看見大牛帶隊衝鋒陷陣的身影，只不過通常是一人部隊，永遠事倍功半：務農時，總搞得滿身是土；洗車時，常鬧得全身溼答答；做資源回收時，他會揮灑著不明物體的汁液，然後蹲在地上放聲大笑。

「國國，一起來玩嘛！」

他對於細節的不在乎常教我翻白眼，但那近乎天性的積極和樂天，又常讓我覺得若太過嚴肅以對，要麼是我小題大作，要麼就是我不懂生活，板起臉回應他時，還會感到一絲絲愧疚。

這樣的大牛，在學校裡雖然大錯沒有，但小錯不斷。他自己也知道無論在家園或學校，他都是被好好地保護著。於是幾經討論後，我們決定硬推著大牛去找工作，讓他感受一下真實的世界。

對大牛而言，找工作，就像在海關被X光門掃描全身一樣，他的弱項一覽無遺：少根筋、學習吃力、不善應對，即使再認真做事，也總是慢人好幾拍。

有些店家是因為刻板印象而不願意給我們的少年工作機會，但大牛確實是因為他的整體狀態，屢吃閉門羹。

「他表現得很像是小學生欸。」某位餐飲店老闆在面試之後，出於好意地給我們回饋。然後他轉向大牛，語氣冷淡地問：「你覺得我會錄用你嗎？」

大牛思考一番後，回答：「不會吧。」這孩子……誠實到令我發笑。

「你覺得為什麼不會？」老闆又問。

「因為我笨手笨腳的。」大牛說完，抓抓頭掩飾尷尬。

老闆沒說話，只是盯著大牛看。現場一陣尷尬的靜默。終於，老闆開口了，他分享了許多自己以前「犯傻」的事情，以及他是如何從挫折之中，一步步打造出事業。透過自己所經歷的，他想讓大牛知道笨不是問題，慢也不是，「問題是你願意學嗎？」

在那個當下，我知道這位老闆會是大牛的貴人，不單單因為他給了大牛工作機會，更因為他願意同理和包容大牛的特別。

就像每個少年開始工作後一樣，我們與店家創了一個LINE群組，交流大牛的學習情況和工作狀態。收斂起平時的嘻嘻哈哈，職場上的大牛適應得很吃力。三天兩頭地，老闆在生完氣之後，總會恨鐵不成鋼地唸他：「真的是憨仔！」

大牛和女孩「走得太近」?!

某晚將近十一點，我準備關燈睡覺時，房門叩叩叩地響起。一開門，是大牛。「國國，你有沒有鏡子？」

「沒有。你這麼晚不睡，找鏡子幹麼？」

「我剛洗好澡，要敷面膜啊。」

「……去——睡——覺！」確定大牛看清楚我對他翻白眼後，沒等他回話，我就把門關上。

那陣子，大牛的工作表現漸入佳境，總算是春天會來吧。那陣春風還夾帶了他人生第一次的情竇初開，女孩和大牛同校，並且在他工作的隔壁店家打工。

「欸國國，我跟你說一個祕密喔！」大牛貼在我耳邊，小小聲地講。

同樣的劇本，他差不多套用在家園的所有社工、生輔老師和行政人員身上。同事們聊著，去接大牛放學時，都看到他和那個女孩手牽手地在校門口放閃。「你們不要亂講啦！」大牛每一次大聲地極力否認，都是在確保全世界都知道他談戀愛了。

半夜三更的，他窩在床上「做代工」，床上滿是紙條和一瓶瓶準備回送給女孩的手摺

「愛星」。

有一次，他煞有介事地說要用每個月六百元的零用金送生日禮物給阿公，卻買回五百五十元的對戒。「五十元可以送阿公什麼啊？」這傢伙竟然是認真在問。

大牛總算初嘗傳說中的「月老紅線」了。那紅線的觸感是懵懂的愛情，它牽起兩小無猜，然而，卻也引出大人的心跳加速。

一天，社工陳兔子又被大牛的老師找去學校，帶回來的卻是校方對於身體界線的警覺。老師說大牛和女孩「走得太近」，除了卿卿我我、摟摟抱抱之外，「甚至想拉她進去廁所裡面」。

青少年的性議題，是我們常遇到的燙手山芋之一，因為這件事可以很天真、浪漫，但也嚴肅到不容閃失。

保護自己，是為了追求你要的幸福

「十七歲的小大人，可不可以談戀愛？」

晚餐過後，我把大牛請到生輔室裡，與他對坐著，想來場男人之間的對話。

面對我的提問，大牛頭低低的，不發一語。**他不確定自己有沒有做錯事，卻表現得像個犯了錯的孩子。**

我把雙手搭在他的雙肩上，感受他那趨於成年的厚實。「親愛的，當然可以啊！這甚至不是可不可以的問題，因為你已經到了就是會想談戀愛的時候啊！」

聽我這麼說，大牛身體的姿態沒變，但我們的眼神終於有了交集。

「大牛，其實我想恭喜你！談戀愛是很美的一件事。打情罵俏很美，成雙成對很美，能遇到適合的人一起替未來努力，更是美到不要不要的。」

就像所有青少年一樣，他聽到「不要不要的」便噗哧笑出來。這笑聲好可愛，是那種有點害羞、又有點好奇的笑。

「談戀愛這件事，我覺得沒問題，有問題的是你怎麼個談法。大牛先生，請問你覺得在校園裡牽手、擁抱、親親什麼的，合適嗎？」

不知道是思考過後還是不知所措的反應，在幾秒的空白之後，他就只是聳聳肩。

「我自己的答案是『不一定』。但在這裡，為了保護你和你的愛人，我誠心奉勸你低調一點。」

我試著帶大牛去看見的是文化的影響。十七、八歲的人親親抱抱之類的，若放在一個更開放的社會文化裡，大概不算什麼大事，甚至是再自然不過的探索，在保護對方和自己的前提下，那可說是對性慾與情慾的體驗。

但在現今的台灣，或至少民情相對保守的南投埔里，這些身體接觸會讓老師們心跳加速、頭皮發麻，是可以理解的。

為了確保大牛有聽清楚我的意思，我多花了些時間與他核對、確認訊息。隨後，談話聚焦在他想拉女生進廁所的事。

「我沒有拉她啦！她自己也想進去好不好！」大牛意識到事態敏感，極力澄清。

「你證明給我看啊。假設監視器錄到的是你們手牽手、嘻嘻笑笑地進去廁所好了，進去之後，你想幹麼？親她嗎？摸她嗎？你要上她嗎？廁所裡可沒有監視器喔。如果那個女生在事後說是被迫的，請問大牛先生，你要怎麼證明你的清白？」

說這些話的時候，我表情淡然、語氣平穩，只有就事論事，絲毫沒有責備他的意思。但正因如此，他更意識到無論事實為何，一旦兩方的認知有出入，那他真的是跳到淡水河也洗不清。

「我再跟你多說一件事。就算你們是兩情相悅好了，但如果事後生了小孩呢？有立法委員的孩子十六、七歲就結婚生子，之後還是過得好好的，但那是因為他們有錢、有權。大牛先生，冒昧問一下，請問你家有這種本事嗎？」

大牛本來就懂得這種事情的嚴重性，再經我這麼語重心長地面質，看上去真像個犯錯的小學生。我感受著他的茫然、善良，和那顆還無法深思熟慮的腦袋瓜，真切地希望他能學會這一課。

「大牛，保護自己，是為了追求你要的幸福。」

他順勢點點頭。

「你知道幸福是什麼嗎？」

他搖搖頭，望著我，像在等待答案的考生。

「我也還不清楚啊。所以更要好好保護自己啊！不然活得不明不白的，你不覺得很虧嗎？保護好自己。我等著你哪天來跟我說你的幸福長什麼樣子。」

被烙印為輕度智能障礙的「單純」

輕輕笑過大牛在工作和愛情裡的跌跌撞撞，記錄這一篇的此刻，我體會到是什麼讓我把這兩件事擺在一起寫了，是大牛身上，那份被烙印為輕度智能障礙的「單純」。

那些藏在大牛傻裡傻氣、情竇初開裡的單純，是我們許多人成年之後遺忘了或深埋在

每一個都是「我們的」孩子

心的。我天真地希望他能帶著這份「赤子之心」，好好長大。

而所謂的輕度智能障礙，撇開必須有的相應思考與評估不談，若試著這麼想呢：如果我們每個人都是電器，有些人是二百二十伏特的產品，卻被放進只有一百一十伏特插座的世界裡，因而需要變壓器來協助適應這個世界。

並非因為他們是壞的，就只是他們真的太不一樣。

安置的孩子，在學校怎麼了？

不敢告訴他人自己住在機構這件事；運動會，別人爸媽都會來，卻只有我一個人在等待；被瞧不起；被羞辱；被排擠；嗆老師；打架；勒索；吸毒……

你看到的是孩子的問題？還是正被問題困擾的孩子？

「告訴你一個祕密。」

——每個孩子都需要一個私密天地

不管是小時候住育幼院、長大後當兵或現在和少年們在家園生活，我始終覺得團體生活很討厭的地方是，沒什麼自己專屬的空間。

有個「專屬空間」很重要，讓人更有歸屬感，也能在團體生活裡保留一點點隱私。無論空間大小，布置成自己喜歡的風格，一個可以放空、耍廢和靜靜思考的地方。而對於這些孩子們來說，也需要有個隱密的環境，陪陪自己。

家園的限制之一，是在四人共享一房的配置裡，真的很難提供自己的專屬空間。在這種限制下，幸好還有「置物櫃」，算是小小彌補了現實的不足。

類似那種會出現在學校走廊的置物櫃，每個人順利申請到之後，便擁有一把小鑰匙，可以將心愛的物件鎖進小小空間裡，確保物品不被偷，更能在團體生活裡，替自己保有一塊小小的祕密天地。少年們最喜歡大聲洩漏自己的祕密，再告訴你「不能跟別人說喔」。

好吃的零食、酷炫的手錶、夜市贏來的娃娃、女孩子遞來的小紙條……有些時候是置物櫃自己走漏風聲，譬如飄出奇異果的腐爛味、或是奶貓的微弱喵喵聲。而更多時候，置物櫃裡的祕密是記憶、是餘溫，是一份深深的思念。

有個小人類的置物櫃裡，放了媽媽從獄中寫給他的短信。當他覺得孤單時就拿出來看。短短的信卻看了好久好久，只因為上頭用注音符號寫著：「我愛你」。

有個少年的置物櫃裡空空如也，只放了一張褪色的平安符。在他的記憶裡，父親的面容早已模糊，他唯一能留住的，就是父親生前替他求來的這張平安符。

「國國，你有辦法把兩條項鍊變成一條嗎？」有一次，某個小人類問我。他把藏在置物櫃最深處的一組對鍊拿給我看。他說那組對鍊是他奶奶買的，奶奶一條、他一條。

「為什麼你想要把兩條鍊子變成一條項鍊啊？」

「會有種永遠永遠在一起的感覺啊！」小人類邊說，邊把兩條項鍊纏在一起。

看著他，我心裡想的是我們那都已經在天堂的奶奶。其實我也留有一組奶奶買的對鍊，奶奶一條、我一條。

藏著最多祕密的置物櫃，其實也鎖在孩子們的心裡。

有時他們會說：「告訴你一個祕密，不能跟別人說喔！」

也有時候，這些祕密是等著我們在日常的相處裡，慢慢地用心解開。

親愛的，你想成為什麼樣的人？

——社會給了他們什麼機會？

阿超（之一）

別人說你壞，那是他的問題，不要讓他的問題變成你的問題。
你要第一個幫自己站出來，告訴自己：
「我一點都不壞。我是需要更好、想要更好！」

「遊牧少年」阿超

那年夏天，阿超因為觸犯刑法，被少年法院裁定來到我們家園。頂著那顆大平頭，正說明他剛從少年觀護所出來，稍微再回推一下時間就知道，他國二的最後幾個月大概都不在學校裡。

阿超出生還不足一歲時，母親罹癌過世。父親因犯刑案而進出監獄無數次，如今正身陷囹圄，等他出獄時，阿超肯定已經成年了。

由於沒有親屬能夠照顧，某縣的縣長便依法成為阿超的法定監護人，但他當然不住在縣府裡。而要是問阿超，他自己也記不清楚從國小開始，這些年來住過哪些地方、換過幾間學校。典型的「遊牧少年」。

如此的人生開局，近乎命定地會去少年觀護所走一遭，那裡是一個人人為求自保而武裝成性的地方。

阿超輾轉出現在我們家園時，像是一匹獨來獨往慣了的野狼被空投到大草原上，趕緊站穩腳步、抖抖身子，同時不忘眼觀四面、耳聽八方。

迎接阿超的是「國中小家」。九月開學後，他得適應新學校，但在此之前，要先利用暑假，熟悉家園裡的大家。或許是因為阿超不笑的時候，臉真的太臭，也可能因為對其他少年來說，他是個「新來的」，他們之間上演起電影《監獄風雲》互別苗頭的肅殺較勁，零星摩擦不斷。

就是在這樣的脈絡之下，我決定寫信給阿超。

䠷樣底下有顆溫柔之心的阿超（好吧，我覺得這樣挺帥的）：

嘿！人好像很容易變成這樣子哦——

每一個都是「我們的」孩子

我們會在自己的眼中釘裡，找到最多和自己相似的特質。也會在最想較勁的人身上，發現自己對他有著最深的依賴。看似比他屌的同時，其實完全離不開他，因為如果他消失了，自己便顯得黯淡。

問題是，就算今天贏了，明天又如何？勝者、敗者，都不過是彼此的奴隸，把自己的存在感交在別人手裡。

這是你期待自己成為的樣子嗎？

你期待阿超成為什麼樣子呢？

想特別跟你說：所有給你的提醒，我也都拿來提醒自己，因為我們其實走在同一條路上，關於活出自己的名字。

希望你一切都好。

常常偷看你，覺得好害羞的國國

給少年的提醒，我也在提醒自己

拿信給阿超的時候，他滿臉狐疑又錯愕，像是在問：「你這收信人有對嗎？」

「矮油……人家可是鼓起勇氣才遞情書給你耶！」撒嬌完，我作勢說：「不要就拉倒啊。」

「好啦、好啦、好啦！我要、我要。」酷似一匹狼的阿超也抵不過我的三八攻勢。藉由這封信，打開了阿超對我的心門。每每在家園裡遇到，我們會擊掌、叫對方的名字，或至少以眼神打個招呼。有時我會流露出愛慕的眼神，虧他：「你今天的臉怎麼臭得那麼帥！」他一笑，臉就不臭了，露出帥氣的稚嫩臉龐。

原本我寫信給阿超，只是覺得剛到家園的他真的太孤單了，從沒想過這封信會是開啟他心門的鑰匙。但是這份小確幸般的收穫，仔細看來其實並不意外，我想到自己的高中時期。

高中時，聯絡簿根本就是我和導師鐘新南的「交換日記」，就算我再隨便地只寫兩、三行交差了事，他總是回個半面、一面。直到很後來，我才明白是鐘新南老師讓我體會到文字的力量。透過文字，我曾經深深地被同理、接納與懂得，幾番差點墜落，都被鐘新南老師穩穩地接住。

因此，無論是以前擔任ＴＦＴ（「為台灣而教」）老師而去屏東山上教書，或是來到陳綢兒少家園之後，我都時不時會寫小卡片或信件給學生。孩子們收到信的表情，有的是不知所措，有人一臉害羞，有的人是滿心歡喜。我猜，藏在那些表情底下的就是信件的魔力，**那是有一個人為了自己，特別騰出時間一筆一劃留下來的「在乎」。**

也是在開始寫信給園生後，我才慢慢發現，所有內容都不是自以為過來人由上而下的指導與教誨，而只是人生旅程中，一個先行者的真心交會。透過文字，我獻上自己最赤裸、最脆弱，也因而無與倫比美麗的心。當少年們拿著信的時候，其實是捧著我的心。我的心隨著信件被鎖進他們最隱私的角落，也許是個皮夾、小櫃子，或者就藏在他們的心裡。

而所有給他們的鼓勵，也都是我的需要；所有給他們的提醒，也都是我的課題，就像寫給阿超的信一樣。

我更在意的是，偷竊背後的「動機」

一封信打開了阿超和我的關係，但仍然打不開他與其他少年的交流。差不多整個暑假期間，在晨會上，都聽到阿超的小家老師回報他遇上的各種人際衝突。

面對年齡比自己大的少年挑釁，他不甘示弱地迎戰，就某種程度來說，還算是恰當的求生法則。但在年紀相仿的同儕中，可能是想立威，也可能只是想交朋友，阿超總是開著不好笑的玩笑，或頤指氣使地要別人替他做事。

跟誰都處不來、到哪裡都被嫌棄……漸漸地，阿超總是裝忙、落單，或者找社工和老師們聊天。

此外，他可能還有偷竊的相關課題需要處理。

在我看來，偷竊行為不是太嚴重的問題。我猜想多數人在成長的某個時期也做過類似的事。而在像我們家園一樣過團體生活的地方，偷竊更是防不勝防的難題。要解決這個難題，最簡單的方法是裝監視攝影機，但代價則是創造了一個讓人全天候被監控、無法互信的環境。監視攝影機裝設與否，這又是安置機構必須拿捏的難題。

我更在意的是，偷竊行為背後的「動機」是什麼？有東西想買、拿錢交朋友、沒安全感？……只有釐清背後的動機，我們才有機會陪著少年面對他們的課題。

阿超入園的原因是竊盜，但正因為如此，我們更不能落入陷阱，而斷然認為他一定是慣竊。**「無罪推定」的法則，不僅是對每個人最基本的保障，更是面對這群心思特別敏感的少年時的重要提醒，別一不小心又加厚他們身上早已貼滿的層層標籤。**

由於只要阿超出現的地方，就會有東西不見。雖然真相尚待釐清，但反映在人際關係上的，就是旁人對他有更多猜忌與拒絕。

短短的時間便令人感覺到，對於阿超和家園的老師們來說，未來的一切是舉步維艱。

這些孩子，明明是「我們的」孩子

整個暑假期間，阿超在家園明顯地適應不良。開學後，在新學校的國三生活，除了複製、貼上家園的狀況：人際議題、情緒議題、偷竊議題，還加上學習動機與學習成就低落的難題。

上學期過了三分之二，他的社工陳兔子跑學校的頻率愈來愈高，從剛開學的兩週一次，到一週去兩次、三次、四次……苦了陳兔子，當然也苦了學校老師。

對學校來說，從安置機構來的孩子是最棘手的問題學生。不收，有違義務教育的目的與規範；收了，又必須考量其他學生的學習品質，以及家長的觀感與反應。

我相信，學校願意陪伴這些從安置機構來的孩子們，只是學校的能量有限，要面對的考驗也很難。在現實的考量下，收了幾位來自安置機構的孩子，可能就人仰馬翻。這樣的侷限，有時會反映在對孩子們的包容程度，也反映在面對社工的態度。

某天，陳兔子又為了阿超與同學起衝突的事，跑了一趟學校。阿超又被要求「帶回管教」，這次為期兩個禮拜。

回到家園，他氣鼓鼓地走向宿舍，陳兔子則朝我走來。

她轉述老師說的話：「你們的孩子怎麼那麼難教？」她說在那當下，身為社工的她實在是有口難言。

老師的力不從心，我們能體會。**現實壓力逼著學校老師說出「你們的孩子」，但我們不好說出口的是，這明明是「我們的孩子」。**

像阿超這樣的孩子，原生家庭早已無力陪伴。安置機構和學校，是我們社會能接應這些孩子的下一道防線，也差不多是最後一道防線。這道防線若是破了，再下去很可能就是感化教育、成人監獄……

一句「帶回管教」像是學校發給被安置少年的一張禁制令，為了維護其他學生的學習品質，要他們回去「反省」，禁止他們踏入校園，剝奪了他們的受教權。若循著這個脈絡思考，每個享受到教學資源的孩子、每個成功的孩子背後，多少有著被安置少年遭到犧牲。「社會排除」的醜陋現實正體現在教育現場，這實在令人感到無奈。

更令人哭笑不得的是，**這些孩子不是因為來到安置機構才變得難教。他們是因為本來的生活環境與支持系統太困難了，才會來到安置機構。**

要說這些孩子們難教，我承認；要說他們是問題學生，我也可以理解。這些少年們確實因為早年的生命經驗，而累積了更多、更複雜的人際問題、情緒問題、偷竊問題，甚至是性議題。

但是，在我一點點的體會裡，**問題學生是被問題纏繞的學生。而這些學生唯一的問題是，他沒有辦法選擇自己的出身。**

每一個都是「我們的」孩子

「為什麼大家都說我很壞？我也很努力啊……」

阿超來到家園的半年後，某天晚上，我在辦公室裡，突然從窗外傳來一陣吼叫聲——是阿超！他雙手緊抱著頭在嘶吼……我知道此時的他身在危崖邊緣，下一步可能是傷人，或者自傷。

我想到稍早前，生輔組長宜鋒從他的身上搜出了一把水果刀。

我們幾個生輔老師走過去，雖然不清楚發生了什麼事，但我們知道此時需要陪在阿超身邊。他突然衝著他小家的生輔老師唬唬大吼。這孩子看起來好痛苦，情緒好滿好滿，需要好好宣洩一下。這個時候唯一能做的，好像只是先給他更多的同理和空間。

我跟他說，我感覺得出來他很辛苦，來到家園半年多，我感覺得出他很挫折。

「你想要變好，但找不到可以信任的人。你想要變好，但環境一直在改變。你想要變好，但也期待能不能有人好好地同理你。

「這半年來，我們都知道你辛苦了。你一定覺得大家都盯著你看吧。老師盯著你，看你下一次什麼時候要使壞。同學盯著你，看你不爽、看你難接近。然後因為想要交朋友、想要有新的開始，你反而只能偽裝起來，裝麻木、裝狠、裝作對一切都不在乎。我感覺得出來。這樣真的讓人好累喔，太累了。

「我猜下午接你放學的時候，你之所以說明天不想去校外教學，是因為在學校覺得格格不入，與其裝著、撐著，不如不去……」

阿超情緒漸緩後，我開車載他去兜風，往虎頭山駛去。起初，我們兩人都沒說話。我不曉得他為什麼沒開口，但我是因為不知道能說什麼。

直到上山途中，阿超開了口：「為什麼大家都說我很壞？我也很努力啊……」

「『大家』是誰？」我問。

「是老師。」他說。

我把車停在路邊，故意放大音量罵他。「你平常不是很屌嗎？不是很叛逆嗎？不是什麼話都聽不進去的人嗎？那為什麼別人說你壞，你就當一回事?!」

我搭著他的肩膀，繼續罵。

「是，你的脾氣是需要更好。但包括我在內，很多大人也都是這樣。這沒什麼啊！就一起練習啊！

「但你記著，**如果再有哪個人說你壞，那是他的問題，不要讓他的問題變成你的問題。你要第一個幫自己站出來，告訴自己：『我一點都不壞。我是需要更好、想要更好！』**你做得到嗎？」

車繼續上行，談起稍早讓他氣到快斷線的那場衝撞，他說覺得很抱歉對唬唬大吼。

「那個當下，我的脾氣真的很糟！」

「那你有發現在那個快斷線的當下，你其實很努力嗎？」

「我哪有。」

「別人說你壞，你就承認，啊我說你努力，你又不好意思。煩不煩啊！先生，多在乎你自己一點、多觀察你自己一點。想一下在那個當下，你做了哪些努力。」

他想起自己本來要拿滅火器砸窗戶的，但放下了。他想起在盛怒之下，還是站在原地聽宜鋒和我說話。他還想起，那個蹲坐在地、雙手抱頭，奮力把怒氣壓在喉嚨裡的自己。

「那個當下，你那麼生氣，可以做到這些已經很厲害了。」我對阿超說。

當然有更好的做法，但我覺得阿超可以肯定自己的是，在那個當下，他真的盡力了。

肯定自己盡力了，不代表不想要求變、求好。**正因為他想要求變、求好，有人帶他去看見自己曾做出的努力，這一點是很重要的。**

凝視過程，就有機會帶來更好的結果。

下山回家園的路上，我陪著阿超練習看到唬唬時，如何解釋自己為什麼那麼生氣、承認自己是在盛怒下破口大罵，而最後最難的，就是道歉。

阿超看起來好生澀，大概沒有做過這樣的事。但他很努力地，在做一次很勇敢的嘗試。

帶著他看見自己的努力

那天在山上，有一片小風車群。看著風車轉啊轉，我問阿超：「你上次感覺到幸福是什麼時候？」

他想了好久，最後說：「我記不得了。」

當天晚上，我寫了第二封信給阿超。

一路上已經克服很多難題的阿超：

問題是，你看得到嗎？你曾經肯定過自己嗎？

每一個都是「我們的」孩子

回頭看這不算短的十多年，你經歷了許多，冷暖自知。

你有發現自己一直走在「想成為更好的自己」的路上嗎？

你辛苦、心酸，但你不放棄，有發現吧?!

還是目前的你就只想當一隻被電擊的青蛙？

隨便一個討厭的大人說你是壞小孩，你就暴跳如雷；隨便一個自卑的小鬼對你嗆聲，你就誓言討回。你要讓別人的討厭、別人的自卑，控制你的情緒、操控你的人生？

如果這就是你目前想要的，那就先這樣吧！

我等你，我陪你，因為我愛你。

重點是，這是你想要的嗎？

親愛的，你想成為什麼樣的人？

覺得半夜三更還在寫信給你實在太浪漫，值得你一個吻的國國

你不是不願意，而是還做不到

——什麼懲罰比沒有父母更嚴重？

阿超（之二）

為了維持團體秩序，家園必須有一些規範。
但我們不過度聚焦於懲罰，因為經驗告訴我們，
假使懲罰和權威有用，這群孩子就不會來到家園了。

我們還可以怎麼做？

阿超來到家園第二年了，表現仍然劇烈起伏。為了讓他抒發精力，我們鼓勵他學拳擊、上健身房，也試圖在園內規劃一間紓壓房，甚至考慮過要不要讓他單獨住一個房間。撇除日常的零星衝突，由於他在家園和學校攻擊老師和其他同學、嚴重違反家園規範等行為，從一月到四月，我們開了六次特殊事件會議。每次的會議都像是阿超出給我們的「考卷」，我們探討：**這回事件的觸發點是什麼？他行為背後的需求是什麼？我們**

還可以怎麼做？

這也是我很珍惜陳綢兒少家園的夥伴們的原因之一。為了維持團體秩序，家園必須有一些規範。但我們不過度聚焦於懲罰，因為經驗告訴我們，假使懲罰和權威有用，這群孩子就不會來到家園了。

這段期間，為了約束阿超在家園和學校的表現，他的保護官兩度發來勸導書，提醒他若再不力求振作，恐怕得面臨留置觀察、甚至感化教育的處分。

站在久久才能見阿超一面的保護官立場，這當然是他職權範圍內所能做，也是他僅能做的。可是從阿超這樣的少年的角度出發，他們往往不是惡意違反規定，而是正值血氣方剛的年紀，加上先前的生命經驗堆積而成辛苦的情緒議題。每次事件過後的懊悔與淚水都是真實的。他們不是不願意，而是還做不到。

面對阿超層出不窮的行為偏差和情緒失控，在保護官與家園夥伴的建議下，阿超去醫院做了心理衡鑑，結果顯示為「無異常」。我猜想真正異常的，其實是阿超自從失去父母後，一路上動盪不安的成長環境。

在心理衡鑑結果出爐後，他的保護官出於求好心切，可能也是出於少年法院一貫的做法，要求阿超接受長期的個別諮商輔導。

一般而言，人們是自願尋求諮商資源，並且往往需要幾次更換，才能找到契合的心理師。在心理師的陪伴之下，可能需要數個月到數年的時間，來面對自己的議題、調整自己的行為。

而像阿超這樣的非自願個案，現實裡未必有足夠資源協助他找到最適合的心理師，但我們卻往往希望立竿見影，期待透過幾次或幾個月的諮商，心理師能對少年產生施魔法般的影響。反之，很容易便得出是少年自己不把握機會的遺憾結論。

隨著阿超的狀態所掀起的這些風起雲湧，是場漫長的驚濤駭浪。他到家園明明還不滿一年，感覺大家的心已憔悴了十歲。

就再來吧，再一次的衝突和難解。

上了手銬，到少年觀護所留置觀察

一天早上，阿超和他們小家的生輔老師唬唬爆發口角，新仇舊恨激起阿超飆罵。兩人僵持不下，隔著房門拉扯，結果唬唬的手被房門夾傷了。

唬唬到保健室擦藥，同時也是想暫時離開衝突現場，讓自己的情緒緩一緩。但是在小家裡，阿超找不著唬唬，抄起滅火器就往生輔室猛砸，這才發現唬唬根本不在。最後，盛怒未散的他在中庭找到剛擦完藥的唬唬，用盡全身力氣去衝撞。

唬唬猛然倒地的那一幕，被攝影機錄下了。我們反覆看著這段影片，怒氣和無力感在工作人員間蔓延開，各種「還能怎麼辦」的想法浮上檯面……我們是不是該放棄這個孩子？

事件發生當下，我也是千頭萬緒，而其中一個想法是在事件過後好久好久，才跟唬唬聊到的：我很清楚若自己是當事人，未必能處理得更好，但同時也想到，小小的寢室，是阿超在這個世界上唯一能退回的地方，如果非緊急情況，那個當下也許就先讓他待在自己的房間裡……畢竟他還能躲去哪？聽我這麼說，唬唬先是狠瞪了我一眼，幾秒鐘之後卻流露懊悔——這神情也出現在每次他給我提醒之後，我的懊悔裡。

關於這起事件的後續處理，我們依照特殊事件會議中的決議，將情況報給阿超的保護官知道，讓阿超到少年觀護所進行五天的留置觀察。

在會議中，阿超的社工陳兔子說：**「有什麼懲罰比他沒有父母更嚴重？」**這句話，我這輩子都忘不掉。無依無靠的出身，而後流轉在不同的寄養家庭和安置機構之間，也在不同學校裡，一次次地被要求「帶回管教」。隨著漸漸長大，時間、機會和運氣都不站在自己身邊……這一路上，太辛苦。

每一個都是「我們的」孩子

在少年法庭上，少年法官再三提醒阿超在留置觀察期間要好好反省，再回到家園時要更懂得惜福、感恩。阿超像是跪在如來佛祖膝下的野猴子一樣，只能乖乖點頭。

相距僅一步，上手銬的五聲「喀喀喀喀喀」清晰傳來。我撇過臉，不忍心看。

阿超要被帶離法庭前，我特別懇請法警給我一點時間，秀秀他被上銬的雙手，並且抱抱他，親親他。

「你的鬍碴很刺啦！」阿超嘴上嫌棄，但是沒有把我推開。

我緊緊抱著阿超，在他耳邊說：「辛苦了。」

愛終究是等差的，而被用在力挽狂瀾的資源又特別有限。在侷促的現實中，我們大人對成長的理解與期待，往往教人感到遺憾。對於像阿超這樣的少年，我們的愛是憐憫做的蠟燭，燃燒得特別快。「快啊！快啊！你怎麼還在那邊？你怎麼都不長進？」寥寥幾年、甚至僅幾個月，我們鞭策再鞭策，直至棄捨，但這一來，那段花費的時間與心力，僅僅成了流過這些少年生命中的一小段。

在少年法院外，我哭了好久好久，為了如此令人傷心的理解哭泣，也為了自己的渺小而哭。但阿超，他不需要知道我們為他流了多少淚，就像我們看不見他哭過多少回。

這天是他的國中畢業典禮。

拜託你不要跟自己的人生過不去

——什麼原因，讓他們傷人又自傷？

阿超（之三）

一個人想要求好、求變，最開始都是因為感受到「有人在乎自己」。
我們都是這樣的，
當感受到被愛，才有了自愛的理由。

歡迎來到「就業小家」

熱熱的初夏，我開車載著阿超四處面試找工作。在一個黃燈轉紅燈的路口前，急踩煞車再緩緩鬆開，停妥車後，我噗哧笑了一聲。

他問：「你笑什麼？」

「沒什麼。」

「快說！」

我深情款款地望著他說：「我是在想，每回急煞都替我們多爭取了一點獨處時間。」

「你有病哦！」他露出嫌棄的表情。

「很難說喔，我爸媽都有病啊。搞不好哪一天……」我對著一旁的他搔癢。

「好啦！對不起啦！走開啦你這個死變態！」

阿超的國中生涯在留置觀察中劃下句點。緊接而來的暑假，由於他沒有繼續升學的意願，便轉換到由我和另一位生輔老師泓志帶的「就業小家」。

阿超和我們小家的成員相處還算融洽，沒有預期中的磨合期。一方面是因為以他的年齡、身材與在少年之間的地位，毫無優勢可言；另一方面也因小家的其他成員都穩定地工作著，多半都早出晚歸，一天裡能碰到面的時間並不多。

入夜後，少年們陸續下了班，回到小家，有時會聚在客廳裡打撲克牌，同時分享工作遇到的事情。在一旁聽著大家半開玩笑地訴苦，聊老闆和顧客、抱怨錢難賺，多少加深了阿超對於就業的期待。

擁有一份工作，可以為少年們帶來經濟獨立、時間自由，以及生活重心。

阿超對於自己的了解，反映在想找的工作類型。他覺得以自己的脾氣，不適合從事較需要放低姿態、投顧客所好的服務業。幾經思量，他決定要「決戰殯葬業」。在社工的協助之下，我們還真的幫他找到一個葬儀社的工作機會。

我對他說：「來家園那麼久，現在你總算可以有自己的生活重心啦，很棒啊！好好工作、好好吃飯，之後等你薪水進來，我們就可以練習下個課題了：怎麼抗拒亂花錢的衝動。」

對於人生的第一份工作，阿超滿心期待。他常得意地穿著黑衣、黑褲加黑皮鞋，跳著那陣子很流行的棺材舞，還狂妄地說：「全埔里的死人都歸我管！」

葬儀社的工作內容，阿超倒是滿適應的。只不過，工作一陣子之後才知道，「全埔里的死人」並不足以讓葬儀社天天開工，連老闆都得在量販店上班兼差。

由於「客源不足」，收入沒多少。為了賺更多錢，他得找新工作。

下一份工作是防水工程的學徒。

和做第一份工作時一樣，每天天剛亮，我就得叫阿超起床。他是我和泓志認證全小家最好叫起床的男人。不管前一天再累，時間一到，只需輕聲喚醒，他便迅速整裝出發，只是永遠會忘了關廁所的燈。

身為學徒的阿超跟著年紀大上一截的哥哥們，在台中、彰化、南投一帶四處奔波，累積經驗和技術，同時也聽大哥哥們傳授許多人生大道理。明明是同樣的內容，社工陳兔子、泓志和我說是陳腔濫調，但從大哥哥那裡聽到，卻成了一生受用的真知灼見。

「你們這些待冷氣房的，不會懂我們的辛苦啦！」有一回，阿超像劃清界線般，跩跩地這樣說。

影片裡，發狠揍人的是阿超！

一天下午，我和陳兔子去接阿超下班。看他在外面做了一整天活，全身髒兮兮的樣子，我覺得真好。在一路跌跌撞撞之後，終於找到新生活的一點點盼望。

阿超上車後，開始劈里啪啦地講著工作多辛苦。他雙臂的汙漬和濃濃的汗臭味，我覺得都剛剛好——剛剛好的感動，剛剛好的欣慰。

「手痠死了！」聽他這麼說，陳兔子開始替他按摩。後座傳來他憋著痛的悶哼聲。

「車上只有我們三個人，不用顧面子，痛就喊出來啊。」陳兔子笑著說。

聽著隨後而來的哀號聲，真的好好笑。

一份得來不易的溫馨。

但在笑罵中，我心上始終掛著前一晚，同事傳來的影片，畫面裡是某個少年在發狠揍人——那個動手打人的少年是阿超！我反覆看了十幾次，強烈的憤怒底下，漫著對於影片裡兩名少年的滿滿不捨與無奈。

從國中畢業至今這幾個月，阿超好不容易才步上軌道，但這樣的事情又發生了。記不清這是第幾次了……也沒有人知道會不會再有下一次。

晚餐過後，我對阿超談起他又打人的事，請他猜猜我看到影片時，是什麼心情。

「很難過吧。」他低著頭，小小聲地說。

他不是說很生氣、憤怒，而是「很難過」。這很重要。這代表對他來說，陳兔子、泓志和我已經住進他心裡。而我自己一路走來的體會是，**一個人想要求好、求變，最開始都是因為感受到「有人在乎自己」。我們都是這樣的，當感受到被愛，才有了自愛的理由。**

但我不確定，我們還有多少時間和空間，可以陪著阿超好好走一段，因為這起衝突，再次開啟了家園的同事們關於「要不要送他去感化教育」的討論。

這孩子，他還有哪裡可去呢？

有一天，阿超和唬唬起了衝突，幸虧有其他老師的壓制，他手中緊握的鋤頭才沒有落在唬唬頭上。

聽說這件事時，我氣炸了！而在憤怒背後是深深的無力感。一找到阿超，就對他邊推邊罵，也顧不了他聽不聽得進去。他嚇傻了，一步步往後退。

「你真要打、要罵就對著我啊！我沒關係，我會原諒你。但別人沒有義務受你的氣！」

回到自己的宿舍後，我怒氣退潮，湧上的是滿心懊悔，於是請泓志幫忙問阿超願不願意和我聊聊——阿超居然願意。

電話裡，我向他道歉，窮盡所能地想讓他知道，我從小到大這一路以來的想法與感受。「我不想讓別人看不起你，不想讓你去做心理衡鑑，更不想讓你被送感化！但我真的不知道自己還可以做什麼……」

成篇的解釋裡，夾雜著我們兩人的哭聲。

還以為那次就是我們之間最嚴重的衝突，沒想到過了幾週以後，一枚更強力的炸彈被引爆。

一晚，我到他房間，叫他去集合吃晚餐。他躺在床上動也不動，回應的口氣奇差無比。看他那副跩樣，眼前突然湧現一路相處下來累積的各種壓力和無力感，令我怒火攻心。明知道將要做的事會讓他理智斷線，我就是要那麼做——我拿手機錄下他的樣子。

「有種你就用這個態度跟你的保護官說話啊！」

他氣得抓起衣架要打我，我用勁把他摔到床角，壓制住他，甚至有那麼一秒想抓著他的頭去撞玻璃窗，幸好忍下來了。糾纏之中，我將他推倒在地。他和我四目相瞪，接著拿出藏在床下的玻璃菸灰缸，想要砸我。

「你傷害我沒關係，但拜託你別做會傷到自己的事。你好不容易有穩定的工作了，你就快自立了、快自由了。你可以討厭我，但拜託你不要跟你自己的人生過不去！」我瞪著他說。

他用力把菸灰缸往床上砸，接著抓起眼前的東西就往衣櫃砸，一邊咒罵我。隨後他收拾家當，誓言要離開這裡。

「幹！我根本不想來這裡啊！」

我怎麼樣也阻止不了阿超，只能無力地跟在他身後，走向大門。望著計程車的尾燈消失在轉角處，我失神地回到辦公室，抱著同事哭喊著：「我真的盡力了！我真的盡力了！我真的盡力了……」

這孩子，他要去哪裡呢？他還有哪裡可去呢？

漫長的半個小時過去了，我看了第N遍通訊軟體，總算收到阿超傳訊息說他要回家園。我不知道他想回來的原因是什麼，但我心裡替阿超感謝他自己。

或許如他所說的？這個地方，他不想來，但又無處可去……

有同事說既然他自己搭車離開，就要有本事自己回來，但我覺得只要他願意回來，我當然樂意去接他。回程的路上，我試著開口，卻又不曉得在這個節骨眼適合講什麼，更不知道還有什麼話是沒跟他說過的。

「等你明天下班回來，我們一起把房間打掃乾淨好不好？」我說。

他立刻回答：「不好。我自己的地方，我自己收。」

回到家園後，阿超下了車，不發一語地掉頭就走，回去他在這世上唯一的，「自己的地方」。

我始終放不下的孩子

曾經看過一句話：「一雙手都不能放。」這句話好美。但我明白以我而言，如果想長遠地走在自己追尋的教育路上，必須和它保持距離。我始終將這句話深藏於心，這是個令我不甘的信念，也是令人嚮往的烏托邦。

望著阿超拖著行李箱回宿舍的背影，回想他來到家園的原因，以及一路發生的種種，我強烈地體認到：所謂的「系統思考」、「脈絡性思考」或「見樹又見林」之類的提醒，都是讓我們練習去辨識身處的環境，在環境裡感受自己的侷限。自我侷限猶如自己以一把鋒利的刀，裁掉所有想做卻做不到的事情，而切到最後，只能看著手上僅剩的一小塊布認輸。

就像孩子伸手進糖罐裡想抓起一大把糖，這樣太貪心了，手是出不來的。我告訴自己：放手吧，想放就放、該放就放，知道為何鬆手就好。

只不過，阿超是我始終放不下的那一個孩子。

我希望的是，你更在乎你自己

——最後一步只能送感化嗎？

阿超（之四）

他在以他的方式宣告獨立，努力過日子。
但他終究是缺少親友支持、缺乏經濟能力的未成年少年，
要是有什麼差錯……

提前結案

這一晚，是阿超名為「自由」的初夜。

跟著阿超進入他的家，他像個房仲般手舞足蹈地介紹空間陳設：入門左手邊的櫃子放防水工程的工具，客廳的桌子兼當酒吧和牌桌，廚房則需要一個大一點的冰箱……這個八坪大的房間，家具擺得整整齊齊，衣櫥上掛著的棒球帽和床頭邊貼的海報，顯現出主人的個性。

「活了那麼久，終於有自己的地方了！」阿超撲通地跳上床，雙手枕在頭下，享受徹底的自由。

這份自由對阿超來說期盼已久，對我們來說卻是不得不的放手。

入園以後的多起衝突事件，說明他真的難以適應家園的群居生活，而園內的師生更沒有理由得再三遭受他的暴力威脅。

在這種情況下，「提前結案」成為僅剩的選項。

多數園生在結案後，會回到故鄉發展。但阿超不同，由於沒有親屬照顧，他的監護人依法是縣長，現實情況是他幾乎無親無故。而這半年來，防水工程的工作做得很順利，於是他決定和同事在埔里合租房子，自力更生。

岌岌可危的少年

阿超剛結案的那陣子，家園裡的許多角落都讓我想到他：大清早起床上工的他、晚上全身髒兮兮回來的他……

惦念的同時，卻也不得不承認自己明顯感到一股輕鬆，因為回憶的畫面也伴隨著斷線咒罵、發狂打人，而這些隨著他的離開都結束了。陪伴像阿超這樣的少年實在太耗心神了，尤其是在安置機構裡，每位老師要陪伴好幾名各自有不同議題的孩子。

阿超結案後，我們便少有機會見面，只有幾回載他去向保護官報到。一天晚上，我在等著接下班的少年們回家園時，一個頭染金毛、嚼著檳榔，嘴上還叼根菸的臭臉少年，把機車停在我的車旁。是阿超！我嘻嘻哈哈地和他聊天，心裡卻忐忑著。

看起來，他的狀況算不錯。這副狂妄的外表就是在以他的方式宣告獨立，努力過日子。但他終究是缺少親友支持、缺乏經濟能力的未成年少年，要是有什麼差錯，誰曉得會發生什麼事。

每一個都是「我們的」孩子

那天約好了我要請他吃飯，要見面的前一晚卻接到他打電話來。「國國，明天的約我不能去了。我車子『壘殘』，要去修車。」

「阿超，你知道我很愛你，就像我知道你就是愛耍帥。但拜託拜託讓我在你的婚禮上痛哭流涕，而不是你的告別式。」

「好啦，我不會讓你擔心。」

「我甘願擔心，但不希望我的擔心造成你的負擔。我希望的是，你更在乎你自己。懂？」

他有點靦腆、有點羞愧地回說：「好啦。」

他給的承諾是真的，但還做不到。沒過幾個禮拜，他又出車禍。這次是在小路上因車速過快而撞倒一名婦人。婦人身體無礙，但飽受驚嚇，所騎的機車被他撞個半毀。阿超自己則需要請假好幾個月養傷，暫時沒了收入。原本就沒什麼存款的他，除了日常開銷和自己的修車費、醫藥費，還有一筆婦人機車的賠償金得付。

從家園結案後，他穩定地工作著，卻在短時間內發生兩次車禍——這對比好真實，**像阿超這樣的少年一方面好努力，一方面卻也是最岌岌可危的一群。他們的努力不一定會被認可，甚至不一定被看見；而他們暴露在風險或誘惑裡，很容易導致自傷或者傷人的結果。**

他得去接受感化教育……

同一時期，阿超收到一份書面通知——他被少年法官裁定接受感化教育。

由於情緒控管極度不佳而從家園結案，只是結束了他與家園之間的關係。但他以司法少年身分，面對好幾起發生在家園和學校的攻擊事件，還是得承擔少年法官的處分。

理想上，感化教育該投注更多資源，以接應社會上最辛苦、最高風險的孩子們。但是當資源、人力都不到位的時候，在現實裡，感化教育便具有懲罰意味，甚至是放逐意味。類似「感化教育是成人監獄的先修班」的評論時有所聞，這種說法誠然抹煞了相關工作者的努力，並且無法百分百地捕捉真實情況，卻扎扎實實地道出了現實的困境。

少年法官之所以裁定阿超接受感化教育，主要是認為他必須為先前的攻擊行為負起責任。這份裁定書，我看了又看，只能嘆氣。雖然明知就算自己是少年法官，也提不出更好的做法，但是想到阿超的過去和他可能的未來，只感到無語問蒼天。

像阿超這樣的少年，總令我想到英文的「負責」（responsible）這個詞。「回應」（response）的「能力」（ible），負責是回應的能力。而就這點而言，懲罰從來就不會是最佳選擇，甚至連有效的選擇都不是。

想起社工陳兔子說的話：「有什麼懲罰比他沒有父母更嚴重？」

阿超當然該為自己的行為負責。不過，如果所謂的負責是只能讓他進入感化教育，那在他短短十七年裡，從家庭到學校遇見的每個我們，又該負起什麼樣的責任？我們可能都盡力了，在法律和道義上都沒有責任，同樣盡了力的阿超則跌到感化教育，這是現實的無奈。

沒有人出生就選擇使壞的，我們被這句話所打動。與此同時，也有人這樣說：「當一場雪崩壓死一個人，沒有一片雪花會感到哀傷。」在每起攻擊事件裡，阿超或許就是所謂的加害者；但在人生的道路上，他很可能是被壓死的那個人。

阿超氣憤又委屈：「我出來之後，一切不是都得重新來過?!」

「我好不容易才穩定下來啊！」

「被送感化才會真的學壞啊！」

「我出來之後，一切不是都得重新來過?!」

收到裁定書後，阿超的氣憤與委屈是可以預期的。他的埋怨其實也有幾分道理。

可是很抱歉，他已經沒有選擇的空間了。因為從家庭、學校到安置機構，整個社會作為一個整體，開不出其他選項了。

我問阿超打算怎麼辦時，他這樣回答：「當然是躲起來啊！」

躲也好，進去也好，我真的不知道以長遠來說，哪個選擇對他比較好。而不管是哪個，我永遠也只能祝福他運氣夠好，能在未來的路上，遇到他的貴人。

比起躲起來或進去，我更期待有一天他能衝破這一切，衝出一手爛牌的出身，衝出他自己的人生。

像阿超一樣的少年是搶灘的戰士，在無數砲擊的火網裡，成功登陸的不多。而在那屍

每一個都是「我們的」孩子

橫遍野的沙灘盡頭處，若有人能夠笑中帶淚地展示自己滿身的傷口，我私心希望那裡頭有他。

「不要動！我要開槍了！」
——每個孩子都想要被好好抱著

我們家園有個「人體打掃機器人」。可能是因為無聊，也可能是出於興趣，常常看到念小三的他拿著掃把，在中庭東掃西掃。

一天晚餐前，我又撞見他。他拿著掃把當成槍，想找人玩，逢人就喊：「不要動！不然我就把你槍斃！」

其他孩子的年紀都比他大上一截，對於他的童言童語不太當一回事。我興致一來，朝著他走去。他遠遠地瞄準我，下達最後通牒：「國國！你不准動！」

「我那麼愛你，你還要槍斃人家哦！」我說著，緩步走到他面前。

「不要動！我要開槍了！」

這個小人類的個頭頂多到我的腰部，看他這樣實在是好笑。我張開雙臂，三八地對他喊話：「你抱我嘛！」

他一臉困惑地說：「啊？什、什麼？」

「我說你抱人家嘛！」我說完便單膝跪地，向他敞開雙臂。

他愣住了。我等了一秒、兩秒、三秒……他放開掃把，衝進我的懷裡。

社工遠遠地看見這一幕，大概是覺得太肉麻，尖聲大叫：「國國，這是什麼畫面?!」

偶爾想到這件事，我都發笑，笑小人類的天真、我的浮誇和社工那不可置信的表情。同時，卻也隱約感受到一股哀傷與不甘心：

要是每個孩子都能被好好地抱著，誰還希罕武器呢？

你不是流氓，是兄弟

——刻板印象，掩蓋了多少真相？

阿興（之一）

這兩個少年之間，扎扎實實是場「修復式對談」：
不是為了究責後的懲罰，不是盲目地相信嚇阻與嚴懲可以喚醒良心，
而是以「信任」為基礎的坦誠。

「流氓」阿興

有一回，我們幾個生輔夥伴帶少年們到遊樂園玩。一整天，我的任務是陪伴小吉。這對我來說原是家園日常，沒想到意外地帶給我一股暖意。

小吉有所謂的發展障礙，心智年齡比同齡的國中生小，加上膽子較小、患眼疾，絕大多數的遊樂設施都無法玩，我便陪他一圈圈地搭著遊園車。坐在車上，他細數對陳綢兒少家園的喜愛。

「陳綢就是我的家！」他吹著微風，好滿足地說。

我問：「你喜歡陳綢的什麼？」

他說，老師對他很好，大哥哥們也對他很好。「特別是阿興哥哥。他好帥喔！」一提到阿興，小吉彷彿提到民間英雄般，崇拜地訴說阿興對他如何如何地好。

我錄下這短短的對話，把影片傳給夥伴們看。大家覺得好欣慰。有怨但無悔的愛，就是發生在這種細微卻深刻的日常裡。

同時，我也把影片給「民間英雄」阿興看。兩年的相處，我知道他其實是很溫柔的阿弟仔，一個還在善惡之間搏鬥的人。平常我親他、抱他再多，都比不上讓他看到這支影片。

「他上次說我是流氓欸！」阿興看完後，好氣又好笑地說。

這正是我傳給他看的理由。

壞壞惹人愛的阿興

「這個一定很難搞……」第一次看見阿興的時候，我遠遠地望著他，刻板印象在心裡作祟。

每一個都是「我們的」孩子

一百八十公分高的阿興形單影隻地彎著腰，從警備車走下來。白上衣、黑短褲，讓他滿是刺青的雙手、雙腳更顯搶眼。從少年觀護所帶出來的家當，一個小袋子都還裝不滿，但阿興用雙手拎著那個袋子，因為他的手腕上扣著鎖死的手銬。

距離幾步之遙，感受到的第一眼印象是太陽剛、太世故，讓我一時忘了他也只是個剛滿十七歲的少年。他像跳八家將一樣，左搖右晃地朝我走來，稚嫩的臉龐上冒出幾顆青春痘。他向我點了點頭，說：「哩賀，哇係×××，叫我阿興就好。」俐落的閩南話，散發出淡淡的男人味。

剛進家園的時候，也許是在試水溫，又或許是真不想惹事，阿興總是客氣又安靜。但他愈是低調，愈是凸顯那夾帶一方霸主氣場的張力。

身為他的小家老師，我更是在日常生活裡感受到，這個孩子是「霸昏幾霸的」壞壞惹人愛。

吃飯時，他會以眼神示意其他的少年讓小學生先夾。看到小學生菜吃得太少，他問也不問就朝人家的碗裡多塞兩坨菜。

有一次，阿興和我去接一名小學生放學。他沿路護著那小學生。當小學生上車坐定後，他一聲「手啦！」，確定門不會夾到小學生的手，才瀟灑地把門甩上。

途中，阿興牽著小學生的手，過馬路到對街買飲料，只見他蹲下，右手牽著那小學生，左手指著密密麻麻的字，好像在解釋什麼。碩大的身形，透出細膩的溫柔。

遠遠望著那背影，我回想起幾天前陪他出庭的情況……在少年法官面前，他為了義氣，不顧一切地一人擔下幾起刑案，即便自己也明白那是向法官爭取寬恕的最後機會了。回到小家後，我試著跟他談，雖然他說了好多，但都只是避重就輕地說一些不著邊際的內容。

那晚，他在淡淡的徬徨中，流露一股自己也講不出理由的義氣。我知道無論他再怎麼樣被背叛，就是不願捅別人出來。

起衝突的阿興

一天晚餐過後，四名少年在小家裡圍毆一個叫阿寬的孩子。要不是生輔老師唬唬發現得早，這群人的血氣方剛加上人來瘋，是有可能鬧出大事的。

唬唬把四人帶到辦公室，提醒他們坦白從寬、抗拒從嚴，隨後各自帶開，要他們寫出事發經過。

想當然的，收回的內容盡是各種「沒看到」、「沒聽到」、「我只是坐在旁邊而己」之類的推託之詞。這是預料中的吧，甚至可以說是理性思考後的最佳回應，換成我在他們的狀態裡，也會如出一轍地反應。

看看這群少年的過去，從家庭到學校，從親人、師長、警察甚至是黑道，他們早就受盡各種威脅。端出權威來，只會讓他們拉起一路上為求生存所養成的戒心。

再看看這群少年的未來，只要稍有差池，每個人的「下一站」都會是感化教育，那是對他們來說宛如監獄的禁錮之地。他們當然沒有理由，更不會有那樣的氣魄去承認什麼。

我們自己可能都需要勇氣去承認錯誤，因為雖然處罰不是最好的做法，但我們的文化，往往是給予認錯者處罰。對這群少年而言，犯錯的當下，有太多基於過往經驗和未來顧慮而築起的高牆，讓我們觸碰不到他們的悔悟之心；久而久之，甚至連他們自己都認為自己是壞到骨子裡。

一無所獲的唬唬氣鼓鼓地離開辦公室，留下四名少年和我大眼瞪小眼。

我對於這些少年們的過去和未來略有了解，所以清楚怎麼樣的回應注定是無效的，但接手之後，對於該如何處理還沒個準，也只能茫茫然地頂著光頭硬上。

一分鐘的靜默，猶如一世紀的等待。

我淡然地看著他們，心裡想著到底該如何讓他們坦承。

「你現在是懷疑我們就對了！」沉不住氣先嗆人的是帶頭打人的阿興。

「懷疑你們也合情合理。但如果我要搞你們，我們現在就不是在這邊，而是在派出所了，是吧？」

我定眼看著阿興，試著一個字、一個字，慢慢地把話送進他們的心裡。

其實我真不知道該怎麼辦好。而且我越職了，給出生輔老師給不起的承諾——為了換來他們卸下心防的坦承，我誇口說他們不可能因為這件事情被送感化。

「我們需要的只是正視對阿寬造成的傷害。」我說。

也許是歪打正著吧，在接下來令人疲憊的一個小時漫長晤談裡，以阿興為首的四個人終於願意開口，承認是因為看阿寬不順眼，想教訓他一下。

並且，他們自己想出具體可行的修復方法，要修補對阿寬造成的身心傷害以及他們與阿寬之間的關係。

卸去了武裝的阿興

隔天，我找來阿寬，在他同意的情況下，以我為橋梁，讓他和阿興好好談一談。

令我感動的是，在這兩個少年之間的，扎扎實實是場「修復式對談」：不是為了究責後的懲罰，不是盲目地相信嚇阻與嚴懲可以喚醒良心，而是以「信任」為基礎的坦誠。我很感謝阿寬，謝謝他對我的信任，更謝謝他願意給出的慷慨。

阿寬哽咽地說，前一天晚上被欺凌，他之所以顫抖、暴哭，不是因為他們粗魯的行為，而是那粗魯的舉動喚起了他童年時被家暴的回憶。

阿寬話講得短短的，說到激動處，停下來做了好幾次深呼吸。他那歷歷在目的回憶，我不陌生，我知道阿興也是。

有那麼一段時間，沒有人說話。小小的空間裡，我們三人靜靜地坐著。

阿興面無表情，嘴角卻時不時抽動，坐姿也時不時地更動。我猜，他從未經歷過這種不為了究責的坦承。他表現得好不自在，因為這並非他裝備起熟悉的武裝就可以帶過的場面。沒有人要他寫悔過書，沒有人要他道歉，更沒有人給出那些他早已經聽膩的警告。

我猜想，他從沒機會去感受自以為的義氣和盲勇對他人造成的傷害，更別說那份傷害裡，其實也藏著他熟悉的童年。

先伸出手示好的是阿寬。起先阿興愣住了，幾秒鐘之後，他也向阿寬伸出手，頭卻微微地撇向一邊，不好意思和阿寬對眼。

最後，我請阿興先離開。他站起來朝門口走去，把門開了一半，卻停下腳步，像在遲疑著什麼……

終於，他轉過身，扭捏地用力朝阿寬伸出右手。「拍謝啦。」他小小聲地說得好快，大概是怕被聽見吧。

離開前，他以雙手輕輕地把門闔上。

看見真實的你

那天晚餐前，我拉著阿興到沒人的地方，因為我需要一個屬於我們的時刻。

「對不起，我最厭惡別人對我貼上標籤，可是第一眼看到你時，我卻懷著滿滿的刻板印象。」我帶著深深的歉意，朝他做了九十度的鞠躬。

每一個都是「我們的」孩子

「俚嘜阿內啦！」他忙亂地伸手來扶我。那股掌溫和力道裡，是得來不易的信任，更有著一份阿興帶給我的禮物：

你不是流氓，是兄弟。

犯了錯，就有機會成為更好的自己

——如何掌握管理的分寸？

阿興（之二）

比起風平浪靜，我更希望孩子在我們陪著的時候，多接受點考驗，甚至犯錯——犯了錯，就有機會成為更好的自己。

我們是看短期的好？還是長期的好？

凌晨兩點半，我起來巡房。A寢室的三名少年睡得正熟：一人爽吹著三台電風扇，一人呈大字形平躺在地板上，還有一人靠在兩面牆的夾角處，打坐般的神遊。這有些滑稽、但再平凡不過的畫面好美好美。特別是想到這群少年能有一處安穩的地方好好睡覺、好好長大，是多麼不容易的一件事。

微微打開門，B寢室裡，有兩個少年抱著大娃娃熟睡。我的目光停留在發出微光的那張床位，在床上滑手機的是阿興。我微笑著思考了一下，沒開口，悄聲關上房門。

「第一天上班順利嗎？」隔天深夜到汽車美容店接阿興下班時，我問。

「拎杯快要累死！」阿興訴苦。

「你就繼續滑手機滑到半夜啊！年輕人加油，不要讓我失望！」

面對我突如其來的挖苦，阿興先是有點驚訝地看著我，之後就扁著嘴，望向車外。

但有了這次經驗，我注意到他愈來愈能控制使用手機的情況。至少親身經驗教了他，如果不想太早死，上班的前一天還是早點睡比較好。

回到巡房的那天半夜，看著滑手機的阿興時，我想的是：我們都希望少年好，但「什麼是好？」「標準是什麼？為什麼？」「我們看的是短期的好？還是長期的好？」

依照當時家園的規定，少年必須等工作情況穩定之後，才可以使用手機，而且得在晚上十點半前將手機交給生輔老師保管，隔天起床才能繼續使用。阿興才第一天上班，當然還不符合手機的使用資格。他滑的是私自帶進家園的「黑機」，而我未沒收，這可說是我的失職。

這個規定有管理與安全的考量。但在評估過這些考量後，我選擇不沒收，是因為我在思索：如果我們和少年在家園相遇的這幾年，是為了讓他們在充滿挑戰和誘惑的未來，能夠更自律地好好活著，那麼許多事情，我到底該怎麼拿捏比較好？

說實在的，多數機構出於人力不足的現實考量，在對孩子的「引導」與「管理」這道光譜上，很多決策不得不往管理導向靠攏。以我擔任第一線的生輔老師而言，按規定收發手機是最省事、最保險的做法。但是對於一個十七歲的少年來說，如果連自主管理手機的空間都沒有，是剝奪了他鍛鍊自律能力的機會。那麼，我拿什麼去相信未來他能夠多自律？

雖然這樣很費心力，但比起在眼皮底下的風平浪靜，我更希望少年們在我們陪著的時候，多接受點考驗，甚至我心裡是期待他們犯錯的。我的一點點相信是：犯了錯，就有機會成為更好的自己。

「黑錢」的理財計畫

「拎杯快要累死」的發洩，在阿興的學徒生涯中出現過無數次，因為即便他愈來愈能夠自律，汽車美容這一行忙起來還真是沒得休息。他邊做邊學，並想著未來也要開一間汽車美容店，甚至自己訂做了印有他未來店名的打火機。

一年過去了，「工作日做到累死，放假睡到飽」成了阿興的日常。除此之外，他唯一的紓壓管道是「花錢」。

少年們每個月都有家園給的零用金六百元。而有工作的少年，家園會把他們每個月薪資的九成存起來，剩下一成當成零用金。

靠著這兩筆收入，阿興每個月大約有兩千至三千元的零用錢，但他「大哥」的開銷遠遠超過這個數目。

他在外面的兄弟，每個月會給他幾萬塊零花錢，我姑且稱之為「黑錢」。

這筆黑錢，比黑機更難處理。阿興說這筆收入是當初他替人頂罪，老大發給他的。問他錢的來源乾不乾淨，他點點頭。可是說實在的，我根本無從確認這筆錢的來源。

一段時間相處下來，我心知阿興在外頭早已經是扎扎實實的兄弟人。至於兄弟等不等於黑道，那是另外一回事。我也明白就算禁止他收這筆錢，但他還是有辦法拿到。而當他離開家園，終究會回到那群兄弟裡，那裡是他的家鄉和他僅有的歸屬。

既然如此，我當時的想法是與其禁止他收錢，不如引導他如何運用那筆錢。既然無法阻止，那我何不來想想**透過相處，自己可以在他心裡留下些什麼，讓他未來不管走上什麼路，都保有那份原本就存於心裡的溫柔與善良。**

溫柔與善良能留下多少，必須等到遙遠的未來去印證。然而眼前能確定的是，想引導

每一個都是「我們的」孩子

他如何理財這件事是徹底失敗了。

阿興動輒要買名牌、吃好料。一到月底就想玩刮刮樂「開源」，但已經窮到沒錢買。看他這樣，我勸爛嘴也沒有用，有時還激出火氣。

「我跟你這種讀書的人不一樣啦！你不會懂我的壓力啦！」有一次被我唸到煩，他想和我切割。

我也發狠回他：「我有哪一次讓你覺得我看你沒有？你講一次出來就好。如果吐不出來，就不要跟我鬼扯什麼讀書不讀書。我也知道我們的路不一樣，就像你心裡知道我在乎你們每一個人，不管走的是什麼路，只要腳踏實地就是好路。」

看我嚴肅起來，阿興默默低下頭。

「我擔心的是你現在開銷就這麼大，要是花錢習慣不改，以後外面的世界誘惑更多，我不想要哪天你因為這樣去走險路，我還要哭著去成人監獄看你。未來我要看你，也是要在你的婚禮上，坐在你媽媽旁邊默默地哭，這叫『我希望你幸福』，你他媽懂？」

他懂，也聽進去了，那個表情騙不了人。

這樣掏心挖肺地唸他，真的有用……大概有用了兩個禮拜吧。之後他從一直買，變成一直偷偷買。

一直到結案前，阿興花錢的習慣都沒什麼改變。如果重來一次，我的想法也不會改變，但到底怎麼做更好，我心裡也沒個準。

這是愛，錢買不到的

阿興在家園的最後一年，過年前的汽車美容工作非常忙，他連續上了十幾天的班。一天，我特地買了維生素B群送去他店裡，慰勞他一下。

「這多少錢？」他第一句話就問。

我不理他的問題，反問：「你知道這是什麼嗎？」

「你不是說是B群？」

「這是愛，錢買不到的啦！」

臨走前，我告訴他那句跟他說了兩年的話：

「等你回來。」

就在我輕鬆放年假期間，我們小家的人卻玩出「火」來。生輔老師泓志開著公務車，載小家少年們到山上放煙火，開心地玩了一個晚上，隨後收拾好垃圾放回車上，一行人開車下山，去彩券行試手氣。誰知道因為沒徹底把火花澆熄，停在路邊的公務車冒出大

每一個都是「我們的」孩子

量濃煙。

幸好沒釀成火災。不過這一個不小心，代價是十來萬的維修費。少年們討論後，認為這起意外，每個人都有責任，所以大家應該平均分攤。他們的懂事和義氣讓泓志很感動，其中，阿興特別說他要負擔泓志的部分。

「泓志的孩子還小，需要花錢，而且他前陣子剛買車，有貸款要付。他那一份由我來擔啦！」這份氣魄真的好窩心。

這就是阿興。十九歲的他，貼心、溫柔、有正義感又霸氣十足。

「阿興先生，你這樣子，人家好感動喔……但是斗膽請問一下喔，現在是月底，你有錢嗎？」

阿興瞪了我一眼，扁起嘴，把頭撇向另一邊。

這，也是他。

金價魔花兜。

你不是爛，是想要更好！

——信任的力量有多大？

阿興（之三）

我們說自己爛，是拿自己跟別人比較，
但比是永遠比不完的。
更重要的是在那份「想要更好」的心情裡，有個夢想待完成。

用心陪他們「生活」

籠統地說，在家園的工作就是陪著少年們一起生活。這幾年的相處，是我的少年們帶我體會著：如何在繁瑣的日常裡，去經營情感。

這份用心不單單是為了增加生活的情趣，也是當摩擦發生時，或必須指正他們的時候，最好的信任基礎。

我們就業小家的少年們，白天多半忙於工作，晚上回來時就跟我們一樣需要耍廢、調劑一下，因此我常糾結於該在幾點趕他們進房間睡覺。真的得出手時，有幾次扮成小龍女或戴上假耳朵扮兔女郎，「色誘」說：「還在客廳看電視的統統到生輔室來，人家好好滋潤你一下！」客廳瞬間清空，屢試不爽。

一天晚上，阿興因為隔天不用上班，看電視看得特別晚，我招式使盡，他依然故我，跟我說：「我就是睡不著嘛！」

「來，去把我送你的那本書拿來，我導讀給你聽。」

「嗖啦！那本書的字太多，很難看啦！」

我到他房間，拿出那本書。「來，我們先看封面：《走過愛的蠻荒》，作者是文國士，也就是本人我，國國老師。他的爸媽都是精神病患。這個書名的意思，可以從二十幾年前，國國小時候被人罵是『瘋子的小孩』說起……」

「夭壽喔！我睏了，要去睡了啦！」阿興落荒而逃。

過了一陣子，我送給阿興一本書《洗車人家》。作者姜泰宇就是筆名「敷米漿」的暢銷作家，後來他開起洗車場、做汽車美容，並在時隔多年後重新拿起筆，寫了這本書。

阿興翻到書的第一頁，上面有泰宇哥親手寫給他的文字：「我們蹲著，但用昂揚的姿態，不許放棄！我們，一起！」他盯著看了好久好久，然後抬起頭對我說：「你看看人家泰宇哥多用心！」我心想，明明是我請泰宇哥寫給你的啊。

隔天，阿興特別叫我去接他時，把他放在床頭的《洗車人家》也帶去。「我一個晚上就把書看完了啦！我要借給我老闆。」

我想，能讓平常沒看書習慣的阿興一夜就讀完，是因為書裡記錄了很多像阿興一樣背景的阿弟仔，就像是有人把他的心聲寫了出來。

學英文？來文老師這邊

由於結案在即，阿興不免為未來焦慮著。一天他分享，店裡來了個外國客人，讓他發現原來英文還是滿有用的。說到這裡，他皺起眉頭。「我連ＡＢＣ都不太會。」

我鼓勵他：「現在開始學也不遲啊！」

他猛搖頭說：「沒辦法啦，我英文太爛了。」

我說：「你不是爛，是想要更好！」

我想要提醒阿興的是，**當我們說自己爛的時候，是無意間拿自己跟別人做比較，但比是永遠比不完的。更重要的是在那份「想要更好」的心情裡，有個夢想待完成吧，**

那是自己為了自己下的決心。

聽我這麼一講，阿興信心大增地說：「那就從今天開始學吧！」

看著他磨刀霍霍的表情，我心裡評估了一下，跟他開了一個條件。「我在外面幫人家上英文是收費的喔。但看在你是自己人的分上，就不跟你收費，可是你得答應我，蹺一次課要給我兩千塊，而且要現結。」

大約在阿興結案前那四個月吧，我們開啟了一段英文學習之旅。短短的旅途有他和我，還有也想一起進修的生活輔導老師唬唬。

辦公室的窗戶上，貼著阿興和唬唬的「學習進度表」。一方面是想透過公告周知，增加阿興的學習動機，一方面也是讓他們兩人互相砥礪。沒幾週，阿興那張打著大大的「拎杯要學英文」的進度表已遠遠超前。

他表現出我始料未及的毅力。

直到阿興以行動證明之前，我都以為他只會有三分鐘熱度，不會堅持太久。但每天晚上，他不管多晚下班，都至少努力學上半個小時。我休假時，他仍舊按部就班地照表操課，甚至好幾次透過視訊上課。

學到得意處，他笑說：「英文其實滿有趣的。」卡關時則指著電腦大罵：「這是什麼

每一個都是「我們的」孩子

噁心英文！」但更多時候，原本因為上班太累而想偷懶的他，在我的激將與堅持之下，會再多學「一下下」。

有時超出了預定的學習時間，我累了還硬撐著，他反而安撫我說：「你不要那麼急啦！」

改變，有時候真是來得出人意料。

有一回，我說了一句很不標準的台語，阿興恥笑我。我回他：「這樣笑我，你有沒有覺得很熟悉？你小時候英文、數學學不好，老師就是這樣嫌你笨，同學就是這樣笑你呆！你哪次英文唸不好，我笑你了？我不笑，是因為我不想成為曾經讓我受傷的那種人。我不笑是因為我愛你！」

我浮誇爆表地演著，但阿興知道我說得認真。

這份理解也反映在他和唬唬的互動裡。

學了一段時間之後，阿興當起唬唬的小老師。深夜的辦公室裡，兩人擠在同一台電腦前，阿興指著螢幕上的英語教材教發音，唬唬照著唸。不時地，阿興對唬唬說：「慢慢來就好。」「不會有人笑你啦，放膽唸！」「你不努力，我就鬆。你努力，我就跟你拚下去！」

「你那麼凶，我會緊張啦！」唬唬備受驚嚇地說。
「拍謝啦！」阿興像是被提醒了什麼似的，搓搓頭，向唬唬道歉。

學習是辨認愛的過程

這些細微的改變，是來自於我們關係裡的信任、等待與溫柔。幾個月的時間當然不可能讓英文突飛猛進。但是在那段期間，那般享受學習的過程，是阿興過去在學校裡從未經歷的。

阿興結案之後，英文學習進度表仍舊貼在辦公室的窗戶上，那是阿興送給我的一份提醒：

學習是辨認愛的過程。

安置的孩子，家裡怎麼了？

經濟不好；沒食物吃；爸爸帶我跑離警察；毒品上癮；沒辦法照顧小孩的家人；被打到頭破血流；不完整的家；拋棄；缺少懷抱……

但願，生命不盡然地只有傷害，也有希望。

你有發現那個很努力的自己嗎？

——家園的極限和限制在哪裡？

瑞瑞

讓這些孩子從各處漂流至「家園」這個港口的，是同一陣風，
風裡有相似的失落、矛盾、骨氣和盼望。
而瑞瑞不一樣的地方是，他是聽障生。

瑞瑞說：「我和你們不一樣，我是個有態度的人！」

我開車到機車行和加油站各放下一名要上班的少年，途中還載另一個孩子去眼鏡行。繞了大半圈終於回到家園，車行至大門口，只見三隻狗大剌剌地躺著享受暖陽，側躺、臥躺和四腳朝天，間距抓得剛剛好，把車道堵得死死的。牠們是我們家園養的「家犬」。

喇叭按了又按，三隻狗硬是不理，車上的我只能猛翻白眼。

突然一個瞬間，三隻狗像動作整齊劃一的體操選手般翻身起立，搖著尾巴跑走。順著牠們跑的方向看過去，是瑞瑞的修長身影。

瑞瑞帶著天真笑臉朝我走來，三隻狗興奮地不斷往他身上猛跳，搞得他寸步難行。看著他蹲下來和狗玩耍的樣子，真是個溫柔的少年。

「國國，這三位是我兄弟喔，你這樣叭也太不給我面子。」瑞瑞走到我車旁，裝起角頭兄弟的狠樣對我嗆聲。

等我停好車，瑞瑞要我一起幫狗兒準備午餐。他拿起兩個大鐵碗，很認真地跟我說：「去把這些碗洗乾淨。」

「是。」我唯命是從地接過碗，心裡卻笑著替這三隻狗打掃用餐環境的瑞瑞。不過就是讓狗吃飯、喝水的碗，再說又不是家裡養的狗，而是在這山頭一帶野大的浪犬，有必要那麼講究嗎？

有必要的。這些日子相處下來，我知道，這三隻狗是瑞瑞的「兄弟」，比家人都親。

瑞瑞對家園的事務很用心地做，而有他出沒的地方，總有這三隻狗如影隨形。

他一個人洗公務車時，狗兒們趴在附近的草皮上陪著。他一個人整理資源回收時，三隻狗就待在附近的樹蔭底下。而當他一個人刷公廁馬桶時，守在門口的三隻狗就是代表

每一個都是「我們的」孩子

「清潔中」的活體立牌。

有一次，三隻狗飛奔過我身邊，朝著籃球場全速前進，而盡頭處是在正午烈日下，一個人拎著夾子撿垃圾的瑞瑞。遠遠望著瑞瑞的背影，我突然領會一件事——

清掃籃球場這件事，對於其他少年和我都算是首選的爽缺，只要一眼望去，球場上沒有明顯的人工垃圾，四散的落葉也已被先前的人掃成堆，就算是大功告成。然而，瑞瑞是極為嚴謹地掃視整座籃球場，凡是他視線掃過的地方，必定力求乾淨。這也是為什麼瑞瑞總是花上比別人更多的時間在做公務，因為他很注重細節。

陽光很毒，我想回辦公室了。但剛轉過身，就聽見瑞瑞發出邀請，問我要不要跟他一起撿垃圾。

「當然不要啊！」我聽見自己心裡的慘叫。可是看著瑞瑞和三隻狗，想著他平常在家園的生活，想偷懶的念頭緩了下來。

「你怎麼撿得這麼認真？」我打開黑色大垃圾袋，邊假裝查看垃圾，邊想辦法讓他休息一下。

狗兒們和瑞瑞都沒有正眼看我，埋頭苦幹的他很認真地跟我說：「我和你們不一樣，我是個有態度的人！」

瑞瑞說話很直接。但他不是挑釁，是想到什麼就說什麼的直爽。而我懂，這句話是十六歲的他，多少年來賴以生存的支持。

而且瑞瑞真的不一樣。

與同齡孩子相較，他的做事態度嚴謹，是個特別認分的少年。而他那生下來就與別人不太一樣的部分，使他與眾不同——瑞瑞是需要戴助聽器的「聽障生」，所謂的身心障礙少年。

當他被嘲笑，我該出手協助嗎？

家園裡原就充滿各種不一樣的生命，因為安置機構就是陪伴和多數人不一樣的兒童及少年。這些兒童及少年可能是個人的身心狀態不一樣，或者家庭狀況不太一樣，連帶著造成他們的學校和社會經驗也不一樣。他們都是特別有故事的年少浪子。

大家一同出門的時候，這樣的組合特別有氣勢、特別團結，也特別成熟。但平日在園內生活時，卻不容易感受到讓他們漂流到「家園」這個港口的，其實是同一陣風，那風裡有相似的失落、矛盾、骨氣和盼望。

他們很會「攘外」，但「安內」還辦不到。家園裡的年少浪子們，每個人都各有冷暖

每一個都是「我們的」孩子

自知的心事，卻又習慣以叫囂、謾罵的方式互槓。

瑞瑞所面臨的困難是，有時因聽障而聽不太清楚或講不明白，因而招來各種奚落和嘲笑，或是被排除在小圈圈之外。

電腦使用時間，三五好友一起連線對戰時，瑞瑞都是一個人逛著網頁。當他驚呼某個網站內容很有趣時，要不換來側目，要不就是一句「你閉嘴啦」。

看到有人在籃球場鬥牛，瑞瑞也很想加入，但是除非湊不到人，不然他很少上場，即使上了場也只有洗球的分。一、兩個小時的熱血戰場上，他往往待不到半小時，就獨自往三隻狗的方向走去。

一天在晚餐後，我在家園附近散步，看到大門旁那路燈下的剪影——是瑞瑞和三隻狗。對了，我有提過嗎？這三隻狗都各缺了一條腿。

交朋友就是合則來、不合則去。對於氣味相投的少年，我會從旁協助串起友誼，但說到底，友情是勉強不來，也不是我適合干涉的。令我猶豫的，是其他少年們在公共場合對瑞瑞不時嘻笑、嘲弄。我不確定，這是我每次都該干涉、阻止的嗎？

在中庭、餐廳、球場和公務車上，其他少年對瑞瑞的訕笑，是針對「聽障」所開的無聊玩笑與低級模仿。若對方的體型比較強大，瑞瑞會傻笑帶過，甚至以自嘲保護。而當對方是可以正面衝突的對象時，瑞瑞便反嗆回去，但受限於表達能力，每每是他被氣到走開，到空曠的地方嘶吼宣洩，在三位好哥兒們的身邊獨自飲泣。

這樣的事情幾乎天天上演。所有老師們循循善誘，軟硬兼施，但就是無法杜絕這種狀況，特別是小學生。年紀大點的，再怎麼樣，開玩笑都有個底線，小學生不但有樣學樣，往往還變本加厲。

我之所以不確定是不是每次都該干預，是因為就算老師們合力替瑞瑞在家園創造出一個無菌空間，但在此短暫停留之後，人生的漫漫長路上，他終究得獨力面對外面世界的惡毒。

就長遠來說，眼前這樣的「無菌」是瑞瑞需要的嗎？

他已經十六歲了，而這個世界不會等任何人。

還是說，為了讓瑞瑞長出抗體，讓他在無數的嘻笑、嘲弄和情緒波折中，找到自己的處世之道，我應該適度地讓他獨自面對？比如並非完全不干涉，而是低度介入——從旁守護，只在必要時出現。

我還沒有答案。

沒有誰是「活該」的

我決定主動與瑞瑞談這件事。

我先問他，有沒有注意到我不會每當他被嘲笑時便積極介入。他點點頭。

「那你知道為什麼嗎？」

「當然知道啊！」他一副早就看透的樣子。

我用眼神請他繼續說下去。

他微笑著說：「因為是我活該啊。我就是聽不清楚啊！」

我不確定要如何解讀瑞瑞說這句話時，嘴上掛的笑容。我轉眼盯著他腳旁那三隻狗。

「瑞瑞，你會覺得，這三隻狗的腿被陷阱夾斷是牠們活該嗎？」

「當然不會，牠們是我兄弟耶！」

「那就對了。瑞瑞，你要記住，你們沒有誰是『活該』的。再說，你們都活得很努力啊！你有看到嗎？你有發現那個很努力的自己嗎？」講到這裡，我有點激動。

或許是從我的激動裡感受到對他的深深在乎，瑞瑞搭著我的肩，大笑說：「好啦、好啦！沒事啦，我知道你的意思。」

為了確定他真的清楚我的意思，我花了長長的時間與他分享，我對他的觀察、心疼和考量……

找工作屢戰屢敗，但也屢敗屢戰

家園內是團體生活，並且有來自各個地方、各種背景的人，對少年來說，適應上本來就特別辛苦。若能在家園內找到歸屬感，不僅會好過許多，更能進而成為應付園外生活的重要支持。瑞瑞在園內僅有的歸屬就是三隻狗，而他在園外的生活也是困難重重，毫無成就感可言。

他和許多中輟少年一樣，上高中之前，在學校都沒累積什麼學習成就，學習動機也早已被消磨光。義務教育的前九年，就是從「被學校拒絕」到「拒絕學校」的過程。瑞瑞上過啟聰學校，但因為覺得丟臉而不願再去。

由於先前的種種不愉快經驗，剛來到家園時，他就明確表明自己不要上學，要去工作。

起初，我還是鼓勵他回學校學手語，一方面在學校裡比較好交到朋友，一方面也考量到手語是很專業、也有出路的職業。但沒聊幾句，便發覺他對於自己「聽障」的身分認同還處於矛盾階段，甚至覺得羞恥。要談手語翻譯工作這件事，對他來說還太遙遠。

沒關係，那就先去工作吧。念書的事緩一緩，也不見得不好。

瑞瑞喜歡素描，想當刺青學徒，但礙於區域的工作資源有限，只能作罷。其他感興趣的領域，也受限於學歷的門檻、家園的接送人力，無法去做。

他只能先找不見得有興趣、但做得來的工作，說穿了，除了生活需要有重心，就是為了錢。這樣其實也很好，賺到錢，能給人一種獨立感，也可以在自由相對受限的安置機構裡，稍稍享受自主的感覺。

然而，由於聽力障礙之故，舉凡超商店員、加油站員工、飲料店店員、餐廳服務生……這類需要與顧客直接互動的工作，不是店家有所顧慮而無法給他機會，就是實際工作時因為與顧客溝通不良，不得不喊停。

但瑞瑞屢戰屢敗，也屢敗屢戰。每次敗退下來，鬧個幾天情緒之後，又繼續做新的嘗試。在他的生活中，他是真正的戰士。

戰到退無可退之後，瑞瑞說他想要試試特別吃體力的工作，譬如說防水工程學徒、工地搬運工、餐廳內場等。這些工作也許更辛苦，但只要撐得過去，可以習得一輩子帶著走的能力。可是基於安全考量，我們不可能讓他去冒險——這些工作的職場環境都特別嘈雜，如果他忘記戴助聽器或是助聽器壞了、掉了，怎麼辦？誰曉得會發生什麼意外？

瑞瑞在職場裡載浮載沉，如同在園內的生活一樣辛苦。

心沒有歸屬，而生活又沒有重心，一個人還能怎麼辦？我們這些陪在身邊的人，又能怎麼做？

他奔向樓頂，大叫：「我死給你們看！」

一早剛開完晨會，大家在辦公室裡嘻嘻哈哈，享受著高壓工作下的片刻輕鬆，突然從外面傳來一陣怒吼聲。

我順著聲音走出去看，是瑞瑞在又哭又叫。

他邊走邊咆哮，衝著所到之處看不順眼的東西又砸又踹。我維持約三公尺的距離，靜靜地跟在他身後。他罵，我就聽；他砸，我就停。他確實有很好的理由瘋狂地宣洩一下。一切的一切悶頭罩著他，快把他壓垮了，更何況似乎看不見曙光。

一路上，布告欄的公告被撕了、飲水機凹了、鐵門歪了、桌椅散了……從出生到現在，這孩子到底承受了多少憤怒、委屈和失落？

在資源回收場，我們遇上熟悉的三隻狗。瑞瑞朝牠們走去，狗兒們起身，但顯得猶豫，或許是因為牠們從未看過這樣的瑞瑞。瑞瑞破口大罵，牠們拔腿逃跑。

「閃啦！死瘸子！死瘸子！操他媽的三隻死瘸子！」瑞瑞邊罵、邊踹倒一台台資源回收車。

「他罵的是狗？是這世界？還是他自己？……」我在心裡嘆著長長的氣，無助地想著。

他沿著原路又罵回去，我原以為他氣稍微消了，要回宿舍休息，但突然迸出的一句話激起我的警覺——

「我死給你們看！」

他突然狂奔起來，腳步加快，再更快！我跟著加速，三公尺、兩公尺、一公尺……拉近距離的同時，我邊喘氣、邊下判斷：他是來真的嗎？

他穿過餐廳，進了樓梯間後繼續往上跑，像要直衝頂樓。我三步併作兩步地緊追在後，和他之間剩不到一隻手臂的距離。若真有必要，我得猛力撲倒他，但我心想：「瑞瑞，你不要逼我！我一點都不想這樣！」

穿過安全門，他距離樓頂牆邊的欄杆不到五步。

「這什麼爛世界啊！」我在心裡飆罵，撲上去的同時以雙手勒住他的脖子，用盡全身力氣把他重摔在地。

壓制住他了。

「瑞瑞對不起，真的真的對不起。你知道我一點都不想這樣的⋯⋯」我的兩行淚滴落在瑞瑞也哭慘的臉上。

家園主任徐瑜和其他同事衝上來接手時，我氣力放盡，感到頹喪至極。恍惚中，聽見主任也在向瑞瑞道歉，好聲地對他解釋我們為什麼這樣做。

我在心裡一直跟瑞瑞說著對不起。

我們的極限和限制在哪裡？

這次插曲過了沒多久，瑞瑞便從家園結案，去了新的城市。**留給家園的課題是重新評估我們的能量有多大，極限和限制又在哪裡。**

瑞瑞結案的原因很多。他沒有意願留下，而家園能提供給他的服務和資源已耗盡。他企圖自傷的插曲當然也是考量之一，由於家園占地廣大、空間開放，以現實來看，也不可能提供給瑞瑞一對一的照顧。

關於瑞瑞離開家園的生活，我盡力不去多想。我所能做的，也永遠放在心上的，是祝福他一切都好，且願幸運之神多陪他一下。

每一個都是「我們的」孩子

關於成功、關於翻身、關於活出自己的名字該有的條件，瑞瑞已經有一半了，那就是他對我說過的這句話：

「我和你們不一樣，我是個有態度的人！」

「謝謝你在我身邊……」

——每個孩子都期待被讀懂

剛吃完晚餐，原應是難得的輕鬆時分，少年P卻在中庭裡，扛著一具滅火器，好生氣地說他要砸人。「我想要殺人！幹！我要殺人！」他扯破喉嚨地大喊。

我明白當情緒很滿的時候，需要的是「同理」，而非道理。再多的說理與引導都得緩一緩。處於氣爆狀態的人，此時此刻最需要的是協助滅火降溫的消防員。

我試著輕喚P的名字來吸引他注意。但他已經整個人炸開，深陷憤怒的火海之中。

「你當然可以想殺人，因為現在的你就是這樣想的啊！」我對P說：「只是親愛的，我感覺起來你不是想殺人啊。我感覺起來是善良的你因為受傷而氣炸了。你滿滿的憤怒裡，好像有好深好深的委屈……」

我繼續跟P說：「你當然可以討厭全世界。你沒有理由喜歡這個世界啊！你不需要和每個人做朋友，不需要受誰的威脅、誰的謾罵、誰的歧視……」

但是，不管我說了什麼，P看起來還是好辛苦，四肢僵硬地顫抖著，不斷在說：「我要殺光他們！我要殺光他們！」

我完全不知道該怎麼做，只是覺得他好辛苦好辛苦，他整個人炸掉了。

「好啊，你把他們都殺光啊！那你知道殺光之後，會發生什麼事嗎？」

「我負責啊！至少他們都死光了。都死光了！」

「負屁責啊！我要跟你說的是，你殺光他們，你也就殺死你自己了啊。你會失去你的人生。你會徹徹底底地失去你的人生！談戀愛也好、賺大錢也好，都毀了，都沒機會了……你告訴我值得嗎？值得嗎？」

他終於願意看我了，雖然是瞪著我，狠狠地瞪。同時他哭得好凶好凶，身體不斷顫抖。「我不知道還可以怎麼辦……」他說。

「你可以把它吼出來啊！」說著我轉個方向背對著P，斷了線般的嘶吼、咆哮、謾罵……直到聲嘶力竭，我轉過身——原本氣到理智斷線的P不見了。他看上去是驚嚇裡帶了些許的「被懂得」。

我喘著大氣，帶著沙啞的聲腔，盡可能溫柔地對他說：「親愛的，我想陪著你。能不能給我、給你、給家園的大家一次機會？……」

看他略顯回神，我順勢問他發生了什麼事，讓他氣成這樣。他喊說：

「他們都不願意幫我一起洗餐盤啊！」

「洗餐盤……」我在心裡複誦著這三個字，天人交戰。心累的我在發牢騷：「你有必要為了這種小事，氣成這樣嗎？」但另一個我同時也提醒自己：「愈會為了小事而氣炸的少年，愈值得我去了解，他的過去受了什麼心傷。」

在我眼中芝麻綠豆大的事情之所以小，是因為那不是我的「敏感源」。但就像我也有自己特別敏感的事一樣，總有些事情會讓少年們特別警覺。

我花了些時間安撫P在「洗餐盤」背後，那份想交朋友的渴望。我理解他在小學六年、換了九間學校的遊蕩裡，關於交朋友的渴望，早已碎裂成對於環境的不安。在他爆氣的背後，其實是一路以來的孤單。

「國國，謝謝你。」經過將近一個小時的交心，P在離去前，送給我這句暖心的話。

「謝我什麼？」

「謝謝你……謝謝你讓我沒有殺光他們啊！」

「那如果謝謝你自己呢？你要謝你自己什麼？」

「我喔？謝我自己沒出手吧……」P有點害羞地說。

「這很重要啊！還記得你是怎麼辦到的嗎？」

「嗯……因為你在我身邊。」

「你講到重點了，是『求救』。就為了好好掌握自己的人生，求救是很重要的練習啊！」

我沒跟P多說的是，今晚的這段插曲也是給我的練習：少年們求救的方式往往很隱晦，或是太有張力。而就像我渴望被讀懂一樣，我也期許自己永遠練習當個讀懂少年的人。

能遇到你願意信任的對象，真好

——到底多堅強，才能堅持著長大？

平平（之一）

他掛心父親的賭債，還想補貼奶奶的醫療開銷……

但怎麼算都覺得兩年後結案時，存不到心中理想的數字。

他著急得哭了。

這孩子想承擔的，遠超過他該承擔的

水電科的高一教室裡，剛開始學走路的小人類東倒西歪地晃啊晃，朝著社工陳兔子跑來，一聲「媽媽抱抱！」引來周圍人的目光。

一位大嬸對著小人類瞇眼笑著，親切地問我們：「這個小可愛是你們的？」

「對啊，是我們的。」我說，同時和陳兔子對個眼。

「哇，你們小的那麼小，大的已經上高一了！」大嬸感到不可思議。

「我跟我老婆想說要幫大的找個伴，就又生了這個小的啊。」我煞有介事地繼續掰。陳兔子憋著笑，她的女兒也很給面子地讓我摸摸她的頭。

這場新生家長座談會，陳兔子和我以平平的家長身分出席。對話的大嬸則是同班同學的家長。

「我們剛剛那樣會不會玩得太過火？如果那位大嬸後來發現我們是家園的社工和老師，不是很尷尬嗎？」陳兔子有點不安。我還真沒想到這點，只覺得玩性大開。

不過，該說好險嗎？情況後來有個轉折：開學後不到兩個月，平平就因為對水電科實在沒興趣，辦了休學。我們沒機會再遇見那位大嬸。

高中生涯兩個月就告終，這與平平暑假來到家園時，我們陪他做的規劃不一樣。那整個下午，陳兔子和我依照慣例與剛抵家園的少年平平，談他在園期間的理財規劃及就學、就業規劃。

平平選擇半工半讀，希望在念水電學一技之長的同時，能夠打工，增加一點收入。

令我印象深刻的是，在談到理財規劃時，他落下男兒淚。淚水之中，是這個小大人掛心家人的著急。

他自己還有因數次無照駕駛所累積的數萬元罰鍰未繳，心裡惦記的卻是父親債台高築的賭債，並且想要貼補帶他長大的奶奶的醫療開銷。但怎麼算，都覺得兩年後結案時，存不到自己心中理想的數字，他著急得哭了出來。而我怎麼想都覺得他想要承擔的，遠超過他該承擔和能承擔的。

望著流淚的平平，我在想，他多久沒像這樣好好地哭一回了呢？

母親因為販毒而入獄，父親是賭徒，奶奶年事已高。平平毫無能讓他安心「示弱」的依靠。看著陳兔子拍著平平的背，安慰他，我心想真好，他能遇到願意信任的對象。也真好，那對象是我們。

能成為你的「家人」，真好

千頭萬緒，總還是要從理出一條線開始。決定不去上學之後，平平便專心於餐廳內場的工作。

他的運氣算很好。不少店家在面試時，若看到少年有司法案件，不是委婉拒絕，就是連試用的機會都不肯給。但這家餐廳的老闆不但願意僱用平平，還有意栽培他成為廚師。

如果愈努力就愈有好運，而好運降臨又會讓人愈努力，那麼這次算是給平平遇上了。

餐廳內場的工作雖然辛苦，但平平做了一段時間，做出了對餐飲業的興趣，加上老闆對自己視如己出，工作起來自然幹勁十足。

送他去上班的路上，他要不在車上打瞌睡，要不向我細數最近在學的東西多麼難。每次停妥車後，我都會問：「要不要親人家一下？」他總毫無例外地吐我一句「噁心鬼」，便朝著餐廳大門飛奔而去。

某晚十點多，我去接平平下班。看著他熱絡又有禮貌地跟老闆說再見，我吃味地向老闆大吐苦水，說他對我可不是這樣的，根本把我當家奴使喚。老闆聽了大笑。平平則是很會幫自己找台階，他說：

「你不一樣啊，你是家人嘛！」

少年心裡，揮之不去的家暴陰影

晉升為「家人」之後，在每天清晨接到的無盡白眼中，我體會到平平除了不笑時臉很臭，起床氣也異常磨人。

每一個都是「我們的」孩子

對於少年們，有時為了增加生活的趣味，我會「別出心裁」地叫他們起床。有一次找了一支播放十萬隻蚊子的網路影片，把「嗡嗡作響」的手機湊到平平的耳畔——他人是起床了，但怒眼瞪我。

後來，我想要優化做法，找來成人片女優呻吟聲在他耳邊播放，他聽著，嘴角露出微笑，甜甜地醒來。

但夾在這兩回之間，其實是無數次為了讓他準時起床的摩擦。

他到家園後的第一個冬天，某天，任我使盡各種溫柔的叫法，他就是不起床。最後他被煩得氣炸了，嗆我：「你再叫我起床，我就逃跑給你看！」炸完，他繼續躲回被窩裡。

或許因為我自己也有起床氣，加上幾番來回而失去耐心，我整個火冒上來，跳上他的床、壓著他的肩膀，不甘示弱地回飆：

「你搞清楚狀況喔！我很愛你，但你要逃跑是你家的事！大門就在那邊，沒人攔你！」

一飆完，我就後悔了，逃到客廳去，同時也是想要消消氣。

一門之隔，我聽見平平在房間裡甩衣櫃門的聲音。「他真要走？」我心想。

幾分鐘之後，他穿著工作服走出來，臉上掛著兩道淚痕。

「我知道我的起床氣很嗆，這點我向你道歉。但以後你不要那樣吼我，會讓我想到小時候被我爸打的畫面。」

他淡然地說完後就出門，留我一人在原地懊悔。

先釋出善意的是平平

「平平對不起，真的對不起。我保證我再也不會那樣。」在停車場又遇上時，他看上去心情平復許多，也接受了我的道歉。

平常送少年們上班的途中，車裡的安靜是因為大家都還沒睡醒。可是這趟送平平上班的靜默車程，卻滿是我的尷尬與歉意。

車到了餐廳門口，先釋出善意的是平平。

「沒事啦，就說我原諒你了啊！」他說著推了我的肩膀一下。

「謝謝你……」我嘟起嘴，向他撒嬌。

「你不要那麼三八好不好！」

就在他要開門下車前，我抓緊他，問了我最想問的問題：

「那……你要不要親人家一下？」

「噁心鬼！」平平照慣例嫌棄完便一走了之。車裡留下的，是覺得莫名窩心又感動的我。

我懂你的憤怒裡，有很深的委屈和恐懼

——「家」是什麼？

平平（之二）

我要讓我的少年們看到、感受到：
沒人給你溫柔，我們互相取暖；沒人給你教育，我們互相學習。
讓那些現在使我們難受的人和事，成為我們未來的養分。

能有人陪著，總是好的

我們很容易有種傾向，對於「牴觸法律」或「有違多數人道德感」的事，幾乎反射性地鄙視和撻伐。

我覺得這個傾向相對消減了解決問題的可能性，很可惜。要是我們更願意**在施以處罰與譴責之前，先給出更多的理解，理解每件事情底下的盤根錯節，那麼，更多元而有效的解決方法才有機會出現。**

這樣的傾向散見於對外遇、酒駕、吸毒、無差別殺傷事件等等的討論，輕微一點的則比如對於無照駕駛的反應。

有些未成年人騎車是為了耍帥、找刺激，為了衝破規範的快感。不過，無論是我以前在屏東山上當老師，或是在安置機構當生輔老師，總會遇到一些未成年人騎機車其實是環境之下的「不得不然」。

譬如平平。他的老家在沒有公車抵達的深山裡，出門必須仰賴家人騎車或開車。上國中之後，家人經常不在身邊，起床後，往往只見到留在餐桌上的一張百元鈔票和一把機車鑰匙。

地處偏遠，加上家人疏於照顧，像這種情形並不罕見。而平平也像其他無照駕駛慣的未成年人一樣，積欠了大量罰鍰和一堆道路交通安全講習待聽。

經過社工陳兔子協助理財，無照駕駛的罰鍰，平平分了幾次慢慢繳完，但避不開道路交通安全講習。

陪他去上道路交通安全講習的路上，我想起過世多年的爺爺。「平平，二十年前我像你一樣是個屁孩的時候，我爺爺也陪我去聽了好幾次講習。」

「沒關係啦，以前爺爺陪你，今天我陪你。」平平得意地把手搭上我的肩。

看著他欠揍的表情，我卻也覺得真是如此。不管是以前的我，或是現在的平平，能有人陪著總是好的。

講習結束後，我送他去上班。途中，他發表「課後心得」：「怎麼和我第一次來時看的影片一模一樣啊。」

我問：「你第一次被抓是為什麼？」

「無照駕駛。」

我又問：「第二次被抓呢？」

「無照駕駛。」

「那就對啦，嫌什麼啊。」我說。

到了餐廳門口，放他下車前，我照例問：「臭臉平，你要不要親人家一下？」

他沒回話就溜下車，接著敲著車門，示意我搖下車窗。我滿懷期待地看著他。「噁心鬼！」話一說完他就往店裡衝。看著他的背影，我又想著：

不管是以前的我，或是現在的平平，**能有人陪著，總是好的。**

練習好好說再見

一天送平平去上班後，我到咖啡廳想稍微放空，但才剛坐定就接到他打電話來。

「我不要做了！你現在就來接我回去，你快點！」

電話裡，平平哭得很凶，憤怒裡有很深很深的委屈與恐懼。我猜想，是這段時間以來，「不適應師傅的教導方式」這件事炸開了。

老闆一直很照顧平平，平平也很珍惜這個緣分。只不過，他對於這種「鐵血」般的師徒關係感到水土不服，有點相愛容易相處難的掙扎。

這回的衝突來到最高點，師傅一貫粗野剽悍的風格，再次讓平平想起小時候被父親家暴的生命經驗。

「練習好好說再見」是餐廳老闆教給平平的最後一堂課。在短短幾個月的相處裡，多愁善感的平平對老闆已有很深的情感，與好多感激。

離開不見得不好，只是讓人覺得有點可惜。在他這個年紀能做的工作當中，能夠同時養成一技之長的選項不多，況且老闆對他始終有份恨鐵不成鋼的疼惜。

不過，平平要離職也不是衝動的決定。他醞釀了好一陣子，並找好了之後可能的工作選項。

帶著平平去餐廳道別那天，他對著老闆一把鼻涕、一把眼淚地頻頻道歉。老闆和我對看著發笑。這個心思細膩、重情重義的孩子啊！

這是一場美麗且難得的相遇。經過多方面的努力合作，幫助平平能在充滿支持的關係裡，練習成為更好的自己。在這個過程裡，沒有人是單方面地給出愛，因為情感的流動總是雙向的。

但在這段短暫卻深刻的相遇裡，我們每個人都是愛的見證者。

我想練習成為不一樣的榜樣

離開餐廳之後，平平到機車行當學徒。這份工作做得很穩定，一直持續到他結案前。然而就在過年前夕，他的人生再生劇變——屏東老家的醫院發出他奶奶的病危通知。

他很想趕回去陪伴把自己養大的奶奶，但一想到得見到其他親人，就感到畏縮與害怕。和很多其他的少年一樣，儘管平時會與家人聯絡，但相距遙遠，缺少相處，家人們無法切身感受到他的改變，對他的印象還停留在那個「走歪路」的少年。因此，我自願陪他回屏東。

在醫院裡，平平疏離地退在一旁，但幸好，全家人都心繫著病危的奶奶，所以預期的奚落、蔑視並沒有發生。

由於我無法久留，他送我到醫院門口。我慣常地問：「要不要親人家一下？」他卻僅是有氣無力地搖搖頭，沒出聲。

除夕的幾天前，他的奶奶離開了。

除夕這天，在家園裡，年夜飯正準備開飯時，我接到平平爸爸的來電。

「幹！就是你不讓我兒子留在我身邊的！」

劈頭的咒罵聲讓我先放下手機，做了好幾次深呼吸之後，才繼續聽。

電話那頭是一位酒喝多了的父親，喪母、過年、捨不得兒子，加上酒精催化。他是想爭取讓兒子在法事做完後，能夠晚幾天回家園。

面對他在電話裡的惡言相向，我按捺著沒動怒，我不想讓平平夾在中間覺得尷尬。曾經聽他哭訴年幼時被爸爸暴怒毆打的往事，**我想練習成為不一樣的榜樣。**

「平平爸爸，你辛苦了。真的、真的辛苦你了。」穿插在平平父親的醉言醉語之間，我盡可能地送上幾句簡短、體諒的話，希望能夠舒緩他的情緒。也期待或許可以讓他感受到一點點被同理。

等到平平的爸爸終於舒緩下來，我請他讓平平聽一下電話。平平接起來後，我打哈哈地問：「從一到十，現在你有多尷尬？」

他回說：「一百吧。」

我們兩人都笑了，凝重化為輕鬆。

「那你要不要親人家一下？」

「噁心鬼！」

「今天是除夕夜，拜託拜託嘛。」

「哎喲，你不要鬧啦！」

「好啦。那你好好過年，有事記得打給我。」

有愛的地方就是家

我沒有對平平的爸爸發怒，另一方面也是考慮到我身邊的少年們。

家園孩子們的父母，在多數人眼中是失職的家人。但正因為我自己有一對完全沒有功能的父母，我更會嘗試去思索：這些父母是怎麼長大的？受過什麼傷？他們做過哪些努力？我相信的是，這些所謂失職的父母都未曾好好被愛過。

但我也希望少年們在適度同理父母的同時，別讓家人成為他們有樣學樣的藉口。

見面就對我喊「有種單挑啊」，沒關係，我就回「有種親我啊」。久了，你會更想要一個擁抱。

成天罵「幹你娘」，沒關係，我就拿我娘的際遇煩你。煩久了，你自己會不好意思。

爸爸酒後打來亂，沒關係，我盡可能地友善回應。

你爸怎麼回應，那是一回事，但我要讓我的少年們看到、感受到：沒人給你溫柔，我們互相取暖；沒人給你教育，我們互相學習。讓那些現在使我們難受的人和事，都成為我們未來說嘴、打哈哈的題材，成為我們活出自己名字的養分。

掛斷通話，我做了幾次深呼吸後，走向餐廳。途中，一位稍微知情的少年經過我身邊時，拍了拍我的背。

這好重要。**就像少年們的努力需要被他們的家人看見一樣，我們的努力也需要被少年們懂得。**

走進餐廳，圍繞著兩張大桌，近二十名孩子們嘻笑著聊天。他們沒忘記給我留個位子。我靜靜地吃著，沉浸在這不同於一般家庭的圍爐中。

這個除夕夜，我很深很深的體會是：**不管「家」的排列組合是什麼，有愛的地方就是家。**

生日快樂，我永遠永遠愛你

——團聚的夢想，何時能實現？

平平（之三）

面對三年沒見的媽媽，平平的反應有點酷，又有點撒嬌。
而這或許才是長久佯裝大人的盔甲下，
一個少年的真實模樣。

慎重的探監行

一早，我把頭頂和鬍子剃乾淨，換上最正式的裝扮，在中庭等平平下樓。他的裝扮明明也不遑多讓，看到我時卻劈頭一陣爆笑。

「你穿成這樣幹麼啦！要去相親喔？」

「哎喲，見你媽比我去相親還重要。世上女生那麼多，但你媽媽，全世界就這麼一位嘛。」我蹭著他的肩頭，故意嬌滴滴地說。他很難得地沒有抗拒我的攻勢。

他們母子上回見面，是將近三年前的事。

平平在家園的最後一年，由於販毒入獄的母親移監，他終於可以每個月固定去探視。但平日的會客時段，平平因為工作而無法去，所以我們抓緊每個月的第一個禮拜天前往，這是每個月唯一一次開放假日會客。

由於探望精神病患父母，我進出精神療養院二十幾年，原以為赴監所探視的感覺大同小異，畢竟都是管理至上的全控機構。不過第一次陪平平去的時候，卻發現原來很不一樣：比起精神療養院稀稀落落的會客情況，監所外頭有好多等著會客的親友。

或許來到監所會客，總帶著一份薄薄的盼望——冀望著明天，冀望著能再次團聚的未來。

急著填滿錯過的三年

監所賣的接見菜好貴，日用品和零嘴也不便宜，但平常很小氣的平平，幫媽媽買起東西毫不手軟。

順著人流排隊進入會客空間，我感受到微微忐忑。身旁的平平更是身軀僵硬，看得出很緊張。

一道長長的透明隔板，將長條狀的接見空間一分為二。隔板的這一側，是來自四面八方的至親、友人。另一側，受刑人整齊劃一地走進來後，直挺挺地面朝監所管理員站立，直到接獲指示，才能坐定並轉向我們。

在等待指示的時候，平平的媽媽低下頭偷看了五、六次，就是想搶先見到兒子幾眼。她手摀著嘴，像是怕自己笑出聲，但在她那早就笑成瞇瞇眼的神韻裡，載著平平專屬的千言萬語。

監所管理員的指示一下，空白了一千多個日子的母子情，終於又填補上了。隔著透明隔板，母子倆手心相疊。

一人坐牢，是兩顆受囚的心，母子倆含蓄的激動，就在平平對母親的痴笑與凝視裡，也在他媽媽微微顫抖的雙手間。

真的是太久、太久沒見了。

近鄉情怯般的空白需要時間來醞釀言語，無奈時間有限，不允許他們緩緩道盡對彼此的情愁。在幾句噓寒問暖之後，媽媽等不及平平的回應，便連珠炮似的一題題發問，就像是要在短短的會客時間裡，銜接上自己錯過的這三年。

「有啦」、「知道啦」、「你不用擔心啦」，平平用不同的短語回應著，有點酷，又有點撒嬌，這或許才是長久佯裝大人的盔甲下，一個少年的真實模樣。

不管媽媽說什麼，他始終深情凝視著媽媽。看得出他拚命忍著淚，直到再也忍不住了，堆積在泛紅眼眶裡的淚瞬間滑落。

等到平平介紹我的時候，他媽媽開口就是我承受不起的各種感謝。我撒嬌說：「平平媽媽，是我要謝謝你啦！你兒子又帥、又懂事，對工作很有責任感。只是啊，起床氣超討厭的！」

媽媽聽了，笑得合不攏嘴。平平流露出他這個年紀的孩子，只在媽媽面前才會有的害羞與靦腆，抓抓頭，在一旁傻笑。

會客時間不長，能說的話有限。但在他們母子倆的笑容裡，已交流了好多好多。

步出大門時，平平回過頭，久久凝視著遠方的某處。順著那視線望去，彷彿可見他母親離去的背影。他說：「我覺得有點難過，我媽還要被關好久……」

等媽媽期滿出獄時，平平已成年，搞不好成家立業、有小孩了。

在回程的路上，平平說：「但我會好好努力，等媽媽出來之後，一起過幸福的生活。」

最大的生日願望，是祝你幸福

平平十七歲生日那天，我在台北。晚上十點多，接到壽星的傳情視訊。

「你人呢？今天我生日耶！」

「我在台北啦！」我說。

「好啦好啦，你心裡就沒有我啦！」

「你早就知道我很愛很愛你。」我說，並且心裡想著，在每天送他上班時得不到的回吻裡，每次他按捺著不爽聽我的嘮叨裡，我也早就知道他對我有份深深的在乎。

我專注地看著畫面裡的平平，認真地送給他這段祝福。

「從小到大我都好期待過生日喔，可是一次次落空之後，我就漸漸淡忘了過生日。活到現在，我可能累積了九十九個願望沒許，親愛的，我想要把它們化成一個願望，送給你：希望有一天媽媽出獄之後，你可以跟媽媽、跟心愛的人，和你們生下的小孩，一起過著你想要的幸福日子。」

我對他說：

「親愛的，生日快樂，我永遠永遠愛你。」

求救，是很重要的練習

——離園的下一步，是什麼？

平平（之四）

少年離園之後要面對的現實，往往非常「骨感」：有沒有親人可以依靠？有值得深交的朋友嗎？手上的錢可以過多久？要住哪裡？想要做什麼工作？……

一匹孤單的狼

平平在家園期間的情況，大致是平穩的。有時前進一大步之後，退個兩小步，但陪他撐著、耗著，他又會再前進一小步。如此一步一步地往前走，到了他要進行返家適應，為結案做準備的時候。

平平的返家適應，也是我的適應。原本朝夕相處，變成只有他每週回家園一次的時候，我們才能好好聊一下。

「回家的感覺怎麼樣？」我問。

「我根本就是孤單一匹狼啊！白天都跟家人去做工程，遇到的都是大人，根本打不進去他們的世界。」他說。

「也許可以去找你以前的朋友？」

「根本沒剩什麼朋友啊！我離開那麼久，又不想跟以前混在一起的那群人聯絡。」他說著搖搖頭。

少年們來到家園的原因不一。而他們來到家園是為了什麼？很籠統地說，是為了替未來的人生做準備。社工與生輔老師平日陪著他們面對大小事，都是希望少年成為更有能力的人。

但面對這些背景坎坷的孩子們，我們平常很難時刻都走得警覺，有時直到某個少年返家適應時遇到某些狀況，才再次提醒我：他們在結案離園之後要面對的現實，往往非常「骨感」。

有沒有親人可以依靠？有值得深交的朋友嗎？手上的錢可以過多久？要住哪裡？想在哪個城市發展？想要做什麼工作？……對於少年而言，太多的問題同時浮現，不管自己是否應付得過來，總會有幾分徬徨與孤單需要傾訴。

我跟著社工陳兔子和生輔老師泓志赴平平家，進行結案前的家訪。車子從國道三號轉快速道路，再經縣道轉進綿延無盡的山路之後，停在平平家門口，天上有一隻徘徊於群山間的孤鷹。平平與高采烈地朝著我們跑來。

家訪的最後，我問平平，未來如果遇到了問題怎麼辦。他搖搖頭說：「不知道。」

「求救啊！你求救，我們就能一起面對。」我跟他說：「聯絡我們不是把問題丟給我們。其實我們也不一定真能解決什麼問題。但只要你想起我們，我們就能跟你一起想辦法，陪在你身邊。」

送給平平的結案禮物

結案的前一天，我們小家按照慣例舉行聚餐，為平平送別。我坐在燒烤店的一角，聽著少年們鬧哄哄地你來我往，感到這一切真的好珍貴，因為不久之後，他們也將像明天開始的平平一樣，得在社會上單打獨鬥。

隔天一早，我像陪平平去監所看媽媽時那樣，將頭頂和鬍子剃乾淨，穿得正正式式地迎接他結案。

「我們下次見面是什麼時候啊？」我問。

「誰知道？可能是你的葬禮吧！」平平踐踐地回我。

「你要不要再好好想一下？」我再問。

「……啊對，是五月啦！我們要去看我媽。」

這是我在心裡送給平平的結案禮物，也是我擅自默默地對他媽媽許下的承諾：在他們母子再次團聚前，我會不時載平平去監獄看她，維繫他們母子的感情，也維繫我與這一家的感情。

結案是這一段路程的結束，更是另一條路的啟程。在平平的未來路上，在他的臂膀更加厚實之前，我期許自己仍以某種形式再陪他走上一段。

求救，我們就能一起面對

五月的約因為Covid-19疫情而暫緩，和平平再見面是他結案的半年後，他的生日。

為了幫他過生日，一大清早我便從台北驅車往屏東。路上，我想到陪平平探視坐監的母親那天，他曾經這麼說：「我會好好努力，等媽媽出來之後，一起過幸福的生活。」

我想所謂的幸福或許就是，開心的事，有人陪你慶祝，而難過時，有人當你的支柱。

每一個都是「我們的」孩子

結案之後，平平依照原本的規劃回到屏東老家，和女朋友一起打拚。但是生活的現實面很不容易，半年來，他換了幾份工作，如今在早餐店上班。

「這裡的工作比想像的難找。我們兩個人加起來的月薪，扣掉房租和日常開銷，能存下來的錢很有限。」

平平和女友有著極為相似的背景。無論是情感或經濟上，他們能從家裡得到的支持皆非常有限。兩人各自都有想學的目標，但是在經濟上有餘力重返校園之前，他們必須帶著只有國中畢業的學歷，努力生存。

親情、友情和愛情，向來是重要的情感支持力量。尤其是像平平這樣親友支持非常薄弱的少年，遇到能相互扶持的伴侶是好事一樁。在這一點上，平平是幸運的。

路終究是人走出來的，太過樂觀固然可能傻痴，過分悲觀卻又太早蓋棺論定了。聽著小倆口的分享，我除了順著他們的規劃幫忙評估之外，也讓他們知道可以把上台北闖闖當作選項之一。在大都市求生存的困難更多、誘惑更多，但相對地，可能性也比較多。

「上台北不是必須的，更不是唯一的選項。只是我比較常在台北，你來的話，我們比較好有照應。」我好好地抱了抱他，就是一份心意，讓他知道我願意陪著他。

要離去前，我對他說：

「如果有需要，記得求救啊！你求救，我們就能一起面對。」

親愛的，緩一緩也沒關係

——我們的善意，是否成了壓力？

杰寧（之一）

恨，始於最深的在乎。

而我想，「不面對」也可以作為一種面對的方式，正是因為太在乎了，而選擇先暫時自處。

省話一哥

擊擊掌、拍拍肩、揉揉背，三三八八地喊一聲：「親愛的！」甚至興致一來，瘋瘋癲癲地對著少年唱歌或「抱緊處理」——我在家園走跳時，大致就是這副模樣。

我原本便覺得在尊重的基本原則下，這可以成為與少年們建立關係的方法之一。後來自修讀了一些依附理論、青少年發展與腦神經科學的相關書籍後，才知道原來這些「口語」和「非口語」的舉動確實很重要，因為「有溫度的互動」是建立信任關係的關鍵之一。

從少年們給予的各式各樣回應，我感覺到，多半時候，他們滿吃這一套的。即便是熱臉貼上冷屁股，也有助於我掌握他們的狀況：可能是沒睡飽、有心事、這天就是看我不順眼，或像杰寧一樣就是酷酷的「省話一哥」。

「杰寧！」每次遠遠地看到杰寧，我都會像祝福遠方的朋友一路順風般，高聲呼喊他的名字。但對於這份熱情，他總是以沉默回應。偶爾他願意稍稍舉起手或是嘴角微微上揚，就能讓我開心好一陣子。

一開始遭到他默然以對，我厚厚的臉皮會出現小裂痕，但後來我明白這就是杰寧。在家園的生態裡，他顯得獨來獨往，與世無爭，專注於熱愛的平面設計，只和少數聊得來的朋友熱絡地互動。

但就在我的第一本書《走過愛的蠻荒》出版一陣子之後，有一天，杰寧竟然從身後拍拍我的肩膀，主動找我搭話。

「我把你的書看完了。」他語氣平淡地說。

「喔？那你喜歡嗎？」

「爆好看！我一個晚上就看完了！」他突然語氣亢奮地說，像是剛奪得比賽冠軍一樣興奮。

我像是被寵幸般的心花怒放，雙手捧著臉頰說：「好害羞喔！人家要當你的妃子！」

「白痴喔。」語畢，杰寧便轉身離開。

當時我沒多想什麼，只沉靜在自己的喜孜孜裡。直到後來杰寧的主責社工陳兔子來找我，我才恍然明白，為什麼他看了這本書，會有那麼激動的反應。

他的媽媽有思覺失調症

杰寧是設計科的高二學生，而我帶的是就業小家，所以和他的互動很有限。與陳兔子談過之後，我對他才有更深入的認識。

「杰寧的媽媽也有思覺失調症。」陳兔子說。

「是喔。所以呢？」我一派平靜地問她。

她看我一副稀鬆平常的反應，一時愣住了。

我當然多少能體會杰寧的辛苦，因為我有著類似的經驗。這些經驗讓我更能夠設身處地去同理。但我從不認為只因父母是思覺失調症病友，自己就是這方面的代言人或專家。這是我的謙遜，更是我對每一位少年處境的尊重。

另一點是，對於一些特別被標記出來的家庭分類，我一直很警覺，譬如「同婚」、「隔代」、「單親」、「低收入戶」。這些家庭或許有其特別辛苦而需要特別協助之處。但這些標記很容易使身處其中者，因為自認、或者被認為與多數人的家庭不同，承受不必要的眼光，以及自己內心默默比較而生的失落。

小時候，我的學校的任何事情都是奶奶參與，但我好希望聯絡簿是父母簽的、家長會是父母來參加，更希望能邀請同學到家裡幫我慶生。我討厭作文課要寫〈我的爸爸〉。討厭每個學期為了申請助學金，都得在父母的健康欄位上寫下「殘」字。最討厭的就是，必須和同學一起哼唱著「世上只有媽媽好」。

後來我才漸漸體認到，原來**幸福家庭與「氛圍」有關，而和組成無關。決定家庭氛圍的是「互動品質」。**

我在雙親皆有思覺失調症的家庭裡，感覺自由，但孤單；但也有人在父母健在的家庭中，感受的是令人窒息的親情。所謂幸福家庭，其實也都是家家有本難念的經。我們只是在不同的家庭組成之中，抱著相同的期待，去經歷失落與滿足。

不催促他，就只是陪伴他

我的淡然回應之所以讓陳兔子一時愣住，是因為她不明白我心裡這種種考量與擔憂。但我也不至於天真到認為家長是思覺失調症患者，對孩子完全沒有影響。

我喚醒陳兔子：「你要繼續說嗎？不然我要走了喔。」

「我是要說，杰寧從高一來園到現在，都很排斥跟他的家人聯絡，特別是他的媽媽，所以想叫你去和他聊一聊。」

「但他為什麼現在一定得跟媽媽聯絡？」

「因為親子關係很重要啊。總不能都放著不處理吧。」

「所以你覺得，杰寧現在需要的是維繫母子關係，還是面對這個關係帶給他的課題？」

我猜想，在杰寧還無法消化家庭帶來的失落和羞恥之前，硬要他與媽媽聯絡，也許真的太辛苦他了。**我們都求好心切，但就怕這份善意不小心給了孩子太多的「應該」，和太少的「允許」。**

就為了從長遠來看，希望杰寧在未來能與家人和解，也許眼下他正需要我們替他撐出一段時間和空間，去自溺、去混沌，甚至是去怨恨。恨，始於最深最深的在乎。而我想，「不面對」也可以作為一種面對的方式，正是因為太在乎了，而選擇先暫時自處。

我試著和陳兔子一起釐清這些想法。「你和杰寧比較熟，你覺得他現在最掛心的是什麼？」

「他喔，可能是畢業展、升學和女朋友吧。」

「換句話說，杰寧正忙著他的事業、友情與愛情。這些事也許不見得比親情重要，但是對現在的他來說，這些事更緊急。也許我們可以先陪著他面對較不重要、但更迫切的事，在這個過程裡，他搞不好能長出面對親子關係的能量。」

「那他的家人那邊，我先當杰寧和他們的傳聲筒，替他們更新彼此的近況？」

「我沒有答案啊，但聽起來可以試試看。」

緩一緩也沒關係，不用勉強自己

說到這裡，我想到要問陳兔子一個問題：「我的書是你拿給杰寧看的嗎？」

陳兔子回說：「對啊。他說他很喜歡。想不到你這個光頭可以寫書。」

「嗯嗯，我已經被他寵幸過了。我只是想到，有時候出於善意，我們會拿一些書、影片啦，給正在低潮的人。但也許深陷泥淖的他們所需要的是在被保護的情況下，好好地爛一陣子。那些書和影片，反而透露出很多的『不應該』或是『要振作』。」

到底怎麼做比較好？其實我也不確定。比如，以杰寧的反應來說，也許像這樣的書出現得正是時候？

這個問題永遠沒有標準答案。即使在類似的情境下，一次的成功或失敗，從不能保證未來是成功或失敗。只能像這樣與陳兔子討論，在彼此有困難時，提出來交流，然後試著做出最適合的決定。錯了也沒關係，那會讓我們成長啊！

倘若杰寧這時出現，出於感受到他在逃避母親背後，那段甘苦自知的矛盾與掙扎，我只想對他說：「緩一緩也沒關係，不用勉強你自己。」

關於成長，我的體會是漫漫長路上，課題會一直在，挑戰會一直來。有時候，「沒關係」是提醒我要記得，給自己和別人更多成長的空間。就像有時候我們需要的是積極的鞭策，有時候則需要輕輕地對自己說一聲：

嘿，親愛的，緩一緩也沒關係，錯了也沒關係。

等著聽你分享你的夢想

——你找到情緒的出口了嗎？

杰寧（之二）

這是他專屬的時刻，
我只是陪著他哭，不說話、也不碰他。
在這當下，他就該好好地獨自哭上一場。

心事重重的少年

念設計的杰寧在考上心目中理想的大學後，從家園結案了。他在家園的那幾年期間，由於我是帶就業小家，所以與上高中的他互動不多，多半是透過夥伴們在晨間會議的分享而得知：他考到了設計的相關執照；在醫院辦的畫展很成功；靠著數年期間累積的作品，他推甄上了夢寐以求的大學科系。

我當然很替他高興，也為他展現出來的毅力、韌性和專業感到驕傲。回想他在家園時，每天早上天還沒亮，就得出門趕客運到台中上課；放學後回到埔里往往已七、八點，有時直到快十點才返抵家園。一整天下來，他沒有充裕的時間好好地吃頓早餐或晚餐，而長時間的晚睡早起也讓他睡眠不足吧。

偶爾是我去車站接他放學，我總是找機會問他：吃得好嗎？睡得如何？需不需要買B群補充能量？但他每回都僅輕輕地搖搖頭或點點頭，語氣平靜地說一切都好。

不過，有幾次在回家園的路上，杰寧告訴我，他很淺眠。「有時還會做怪夢，而且我經常會牙齦出血。」他說。

「你覺得是為什麼？」然而，每當我這樣問，他總是聳聳肩作為回答，不正面回應我。

我看著他，心想這些生理反應，不知是否與他和家人的關係有關，特別是他那難以為外人知的母親，患有思覺失調症。可是，身體往往藏不住我們心裡的負擔。

幾次想單刀直入地問他，但一想到杰寧並沒有親口跟我分享過母親患病的事，我只能試探性地表達關心。「我也不確定為什麼會這樣。會不會是你有心事？」

說完，我靜靜地看他，等待著。只是毫無例外地，答案每次都石沉大海。

「國國，你有想過……自殺嗎？」

有天也是在車上，杰寧突然問我一個問題。

「國國，你有想過……自殺嗎？」

他這樣問的時候，雙眼直視前方，避開我的視線。

我把車在路邊停妥，轉身望著副駕駛座的他好一會兒，希望他從我的眼神中，感受到的是一種溫柔的滑稽。

接著我問：「你想自殺喔？有什麼具體計畫嗎？」如果能講出具體可行的方法，那代表他是真的想尋死。

「靠腰喔，並沒有什麼計畫好嗎。我只是想問問你。」

「喔，那人家就把真心捧出來，擺在你眼前了喲。『想死』和『不想活著』是兩件事。我從來沒有想死過；但確實有好長一段時間，我不想活著，因為我不知道自己為什麼要活著。就像你知道的，我的父母都是思覺失調症的病友。因為他們的病，更因為大家對這場病的反應，我曾經覺得自己的出生是不被祝福的，甚至是個錯誤。」

好久，我們誰都沒有開口。漸漸地，杰寧紅了眼眶。聽那急促的呼吸，很明顯地，他正努力調整自己內心一湧而上的情緒。花了好長一段時間，他稍稍自我平復，但話一說出口便淚崩。

「失去理智很可怕，所以我就把自己關起來，什麼都不說，什麼都往肚子裡吞！」杰寧聲淚俱下。這可能是他第一次在面對自己的人生課題時，撐不住而暴哭。

這是他專屬的時刻，我只是陪著他哭，不說話、也不碰他。在這當下，他就該好好地獨自哭上一場。

他發洩完，示意我繼續開車。我們沒再交談。回到家園之後，下車前，我問他：「要不要抱一下？」

「不要，太噁心了。」那個表情遠比他說出口的回應還嫌惡。我好笑地心想：**哭一哭，還是有點幫助吧。**

「國國，謝謝你。」杰寧說完便下車，往宿舍走去。

「喔——人家又被你寵幸了！」我朝著他離去的背影大喊著。

他回過頭，跟我說了一句話當作晚安：「你真的很白痴！」

情緒需要更好的出口

我回到宿舍，想起他在車裡說的那句話，以及他暴哭的畫面，決定寫封信給他。

每一個都是「我們的」孩子

對家人很溫柔的杰寧：

「失去理智很可怕，所以我就把自己關起來，什麼都不說，什麼都往肚子裡吞！」今晚你是這樣說的。

你的分享，讓我想起一些往事。曾經連續四年，在陰雨綿綿的冬季，我因為不同的衝突，而失心瘋般地對著我的家人咆哮，其中包含獨力拉拔我長大、我最最深愛的奶奶。

最滑稽的是第四年，我居然對著我媽發飆。在一陣狂罵後，我甩頭回到自己的房間，頹坐在地，不停地甩自己巴掌。「我怎麼會對一個瘋子認真啊?!」我質問著當時念大三的自己。

也是那一年，我意識到自己管不住心中那頭傷痕累累、極易暴怒的「獸」。我好害怕好害怕，怕步上父母親的後塵。我不知道怎麼做自己情緒的主人。我的情緒需要出口，需要更好的出口。

我做了很多嘗試、練習，一直到現在都是。

看書、寫字、聽音樂、運動、找值得信任的人聊聊天……慢慢地，我感受到能夠更好地陪伴自己心裡，包含悲傷、委屈、憤怒之類的種種情緒。練習做自己情緒的主人是一輩子的課題，我想我得不斷練習。

你呢，親愛的？有些事情、有些情緒，刻意忽略當然也是種做法，但心裡會累累的吧？牙齦出血、淺眠、做怪夢——你看，你的身體不斷在對你說：「老兄，我快吃不消啦！」

嘿！答應你自己，有空的時候，試試更好的情緒抒發管道吧！若我想到什麼好方法，也會第一時間跟你分享的。

等著聽你分享你的夢想的國國

「祝福你一切都好。」

——最好的給予，是不求回報

「天地有正氣，雜然賦流形。下則為河嶽，上則為日星……」這是文天祥〈正氣歌〉的開頭，我大概是在小學五、六年級時背的，直到現在都還可以一字不漏地背出來。

二十多年前住在育幼院時，我背了好多漢賦、唐詩、宋詞，但是都背得「有口無心」。會去背那些內容，一來是因為在那個隔週才休兩天的年代，默背得出這些詩句是能放假回家兩天的基本門檻；二來是在午餐和晚餐前，我們會按照忠、孝、仁、愛編制的小隊，在餐廳門口踢著正步並大聲背誦這些內容。哪一個小隊背的內容愈長、聲音愈大，就可以獲得加菜、看電視、吹冷氣等小福利。

從外面往餐廳裡頭看，幾十張餐桌，每桌坐了八個學生，每個學生都只把小板凳坐到三分滿，一眼就可以看出這是一間軍事化管理風格的學校。從國小部到高中部，數以百計的學生正襟危坐地背誦：「耶和華是我的牧者，我必不致缺乏……」等到我們將《聖經》的〈詩篇〉第二十三篇背誦完畢，在嚴肅的值星官響亮的一聲令下：「全員開動！」才可以開飯。

*

時間拉到二十多年後——傍晚五點五十五分，距離晚餐時間還有五分鐘，我在南投埔里陳綢兒少家園的中庭，集合在外頭上課、就業一整天的少年們。他們或站或蹲，有人全神貫注，也有人漫不經心。這樣的畫面，對有些人來說可能太過散漫，缺乏紀律。但我的想法是只要大家能專心聽我講話，就無傷大雅。

我總覺得形式上的紀律，有時候其實暗藏著對彼此的冷漠；而所謂的散漫，不妨當作我們生活在一起的證明。

「感謝父母、感謝阿嬤、感謝師長，大家請開動！」開飯前，少年們通常會在集合老師的口令下，唸完這段感謝詞。我剛來的時候也有樣學樣，就像小時候跟著大家一起背詩詞歌賦和禱告文一樣。但漸漸地，我愈來愈少這樣做。

其中一個原因是感謝詞的目的令我困惑。家園的少年對家人都有著特別糾結的課題與情感。「感謝父母」一詞，有時顯得言之過早，甚至有點荒謬。並不是苛責父母，我只是認為，對於曾經被家庭傷得特別重的人來說，在尚未梳理好自己的經歷與情緒之前，再多的感謝就怕是壓抑自己的感受而來，而非發自內心的感恩。

另一方面，少年們總是帶著敬意與陳綢阿嬤相處，這便是感謝阿嬤創辦家園的最有力證明。這份敬意，是因為少年們聽過陳綢阿嬤濟弱扶貧的傳奇故事，更因為在日常相處與阿嬤給出的每次關懷與擁抱裡，少年們感受到阿嬤無條件的愛。反過來說，假使連阿嬤的身教都無法感動少年，感謝詞又能起什麼作用。

我不熱衷於感謝詞的另一個理由則是更深層的原因：當我回想著自己是怎麼長大的，我得說感恩是講不聽也教不會的。我的一點點體會是，感恩是一種事後的感謝，比起眼前，它更是存在於未來，而不是受惠的當下。

當初我之所以決定到陳綢兒少家園工作，是在面試時，與家園主任徐瑜聊到社會福利組織募款的困難。有些人總期待少年們很用力地表達感恩，談到這一點時，徐瑜主任說得直截了當：「哪個十五、六歲的人懂得惜福、感謝的？」

在成長過程中，我受過許多恩惠。而由於ＴＦＴ（「為台灣而教」）這個教育組織的號召，我曾赴屏東高山的小學教書，累積了一些在所謂偏鄉教學的經驗。一方面我能體會資源的重要性，一方面也嘗過「拿人手短」的酸楚。有時候，那像是一種販賣的過程。年幼的我，以及後來我教的學生們都經歷過：因為別人出錢、出物資、出各種人力，我們必須回以天真的微笑、手寫的卡片，或是準備一場精采的表演。

對於別人的善意，當然需要給予相對的回饋。只不過，鞋子、書桌、冷氣機、助學金或是短暫的陪伴，往往是一般家庭本來就會給小孩的，但他們不用總是得表現出感謝，而我們總是得用力地表達感謝，不然就會顯得不知好歹，沒有感恩的心。

然而細想下去：要安置機構裡的少年們因為得到外人的給予，而表達感恩，象徵什麼意思？以我住過育幼院的經驗而言，那像是在說：「謝謝老天給我一對患思覺失調症的父母，雖然祂根本沒問過我要不要。也謝謝我年長的奶奶無力照顧我。謝謝這一切讓我來到育幼院，成為你給予的對象。謝謝你。」

對於那個在育幼院的我，以及這些安置機構的少年來說，在受惠的當下，可能有童年創傷待復原、學習挫折得處理，茫茫未來等著他們面對，還有著太多更切身的人生課題要經歷。

未來如果一切順利，現在的受惠者自然會把愛傳遞下去，雖然對象未必是當初對他有恩的人。而未來如果不順，也只說明比起一個人生命裡的顛簸，一時的恩惠終究難敵現實。

*

曾經在書裡看過一句話，我深感認同：「最好的陪伴，是不帶期待的。」我換了用詞，這麼說：「最好的給予，是不求回報的。」無論給予的形式與內容為何，都是一個生命對另一個生命獻上的深深祝福。

祝福你一切都好。

我們比肩同行

——愛心與專業，如何接住我們的孩子？

「家園」的生輔老師們

生輔老師的工作是「有溫度」的工作，這來自於和少年之間互動的溫暖。我們陪伴孩子療傷，等待孩子成長。

心貼著心，一夜暢談

深夜裡，孩子們睡了。我與三位一同值班的夥伴唬唬、琇琇和宜鋒，在辦公室聊天。

平日我們聚焦於孩子身上，除了他們的身心狀況，還有挫折和喜悅、面臨的課題與對未來的夢想。這份工作是陪伴少年走一段路，其實亦是我們與少年綁在一起，「多人多腳」地走著。而累極了或倦怠時，難免心生疑惑：**少年們安置在我們這裡，但我們該將自己安置在哪裡？**因此不時地，我們需要緩下來，梳理自己，也看顧夥伴。

好難得有這樣「暫停」的片刻，與夥伴放鬆地深談，這其實是我們都很需要的。「這麼晚了，還要不要吃宵夜啊？」「國國，你老是沒打卡，也沒交報告，考績會被扣分喔。」有時像這樣閒聊，有時職業病地討論起手邊處理的棘手家暴議題……漸漸地，我們敞開心，聊及過去幾個月以來，各自所面臨的生涯難題。

每個話題一經抽絲剝繭地拉出來，都是一言難盡。

安置機構裡，員工流動率高

唬唬說，他覺得「混」這個字，最能代表自己最近的心理狀態。

「為什麼呢？」我問。

「大概是因為穆儀要離職了吧……」他回答。

穆儀也是生輔夥伴，出於家庭、經濟與體力等整體考量，前陣子提出離職。對唬唬來說，穆儀是他最重視的夥伴，總是能理性又敏銳地帶著他看見自己的盲點，並且不忘提醒他不用過於自責和氣餒，慢慢來沒關係。

穆儀要離開，唬唬感到很失落。「所以最近我閃他閃得遠遠的，他叫我要注意的事，我也沒在聽。」他覺得這樣的自己，很混。

我點出：「你是怕心碎，所以刻意選擇疏遠穆儀吧？」

「當然要保護自己啊！我來這邊五年了，每一年都有一堆生輔老師來來去去。時間一久，我告訴自己不要對夥伴放太多心，不然最後會傷心。尤其是像穆儀這種腦袋清楚又溫暖的人，別說小孩需要他，我也需要他啊！」

短短一段話，除了對夥伴的不捨，更道出**在安置機構裡，員工流動率高的現實。**

唬唬所說的，其實是我們的共同心聲。但我們只靜靜聽著，除了輕輕點頭之外，無從回應，就像面對這個難以扭轉的現實一樣地無能為力。

孩子們需要穩定且有歸屬感的環境。為此，我們努力去創造和經營。但同時，面對身邊的夥伴們出於生涯發展、現實經濟等考量而來來去去，心裡很不好過——除了對夥伴的深深不捨，也有一份自己內心深處的動搖。

生輔老師的工作，是「有溫度」的工作

「唬唬剛剛說的失落，讓我很有共鳴。」宜鋒說，他是生輔組的組長。

他從念大學社工系時便來到家園實習，畢業後加入生輔老師的行列，一年多之後成為組長。三年多來，他擔任主管職，撐起家園的運作，埋首於各式行政文書，常常得熬到

半夜兩、三點。

宜鋒的失落感是來自「孤單」。

「每次看到你們跟孩子們打打鬧鬧地嘻笑，或是一群人去逛夜市，我都超失落的。」

「你知道是因為你願意當生輔組長，我們其他人才能放心地帶孩子出去玩吧？你的失落，成就了我們的自由啊。你超重要的！」我嘴上占他便宜，但說的是事實。

「我當然知道我超重要啊。我也明白，要是每個人都只做自己想做的事，那家園根本營運不下去。不過，理性上明白是一回事，感受又是另外一回事。過年時，你們帶孩子們出門，大牛在上車前還跟我說：『你加油啦。家園就給你顧了。』整個家園就剩我一個人留守，那天我在辦公室裡哭欸。」

「如果眼淚會說話，它在說什麼？」我好奇地發問。

「說什麼？……」他思索片刻，回答：「我想是在說：『如果可以，我也想每天待在孩子身邊。』」

我始終覺得**生輔老師的工作，是「有溫度」的工作，這來自於和少年之間互動的溫暖**。自從接組長之後，這幾年，宜鋒少了許多與少年們的互動機會，成天面對的是冰冷的筆電，因此原就消耗心神的這份工作更顯耗磨。

日常事務的繁瑣，稀釋了這份工作背後的意義感。好幾回，他在深夜的辦公室裡，

每一個都是「我們的」孩子

獨自排班表、寫報告、趕計畫的時候，雖然很清楚自己是「為何而戰」，內心仍感到寂寞。

有時他好懷念生輔老師這份工作最初帶來的感動。

大家明明都是為孩子好……

琇琇除了是生輔老師，要帶小家，也擔任管理職。處在這兩個身分之間，「人際議題」是她的煩惱。「我覺得自己像是哈巴狗，搖著尾巴在取悅人類。」

不管是面對少年或是夥伴，只要處理到人際議題，她總是有份自我期待，希望自己的介入處理能讓情況好轉，有時甚至會委曲求全。處理夥伴之間的狀況時，更是如此。

「是不是因為平常大家各自帶不同的小家，無形之中變得太封閉？有些夥伴會擔心在別人眼裡，自己是不是沒在做事，同時又猜忌別人是不是薪水小偷。搞到這樣疑神疑鬼的，我還得調停，真的覺得心很累。」

「哈哈哈！所以說，一群好人未必能成就一件好事啊。你做能做的就好啦，反正被當成靶子的人又不是你。」我聽著琇琇的話，想到或許在一些同事眼中，自己總是一副「太輕鬆」的模樣。

「我就是會想要『維持世界和平』啊！從小在家裡，我都扮演和事佬的角色。」

琇琇自我調侃地回著，只是笑得好無奈。

「可是，大家明明都是為了孩子好啊……」

生輔老師的「生存焦慮」

「關於最近這幾個月，我想到一個詞：『路口』。我在想自己之後要幹麼。」我分享自己在人生路口的徘徊。

在屏東山裡的小學當了兩年教師。生輔老師這份工作，如今邁進第四年。現在我一邊重回學校讀諮商所。另外，想當少年保護官的念頭也在心裡放了好幾年。

「我在想，未來要用什麼角色，繼續做教育工作。」

唬唬緊接著說：「才剛要走一個穆儀，你……你心太軟，不適合當保護官啦。長得太兇，也不適合當心理師。你就一直當生輔老師。生輔老師是你的天命，若你敢亂跑，我叫陳綢阿嬤去抓你回來！」

我說：「我有生存焦慮啊！你們自己看看，琇琇下班後得兼差做房務還貸款，唬唬下了班要上山務農養媽媽，宜鋒下班後去飲料店打工。最超人的是陸哥，他做了八年生輔老師，為了養小孩，下班後還要跑熊貓做外送。」

生輔老師就像大多數的社福工作者一樣，被貼上「你們好有愛心喔」的標籤，但在那底下，經常需要「自我增能」，以及長時間的情緒勞動。偏偏社福專業很難被認可，「用愛發電」的想像，往往遮掩了情緒耗損的事實。這些反映在工作條件上，影響之一就是薪資天花板很低。

這份工作有其太骨感的現實面，但我真心喜歡著生輔老師這份工作。

依靠與信任，使我們看見彼此的「能」與「不能」

如此心貼著心，一夜暢談。

如此的依靠與信任，讓自我覺察成了窩心的暖流，使我們更看見彼此的「能」與「不能」，更能夠互相理解與接納。

夥伴之間的這份連結，有助於為我們在意的少年撐出更厚實的環境，因為**這份工作是「以生命影響著生命」，而其中，「人」是最重要的環境。我們對彼此的接應，亦將轉化成面對孩子時的信念與應對。**

所有的孩子都值得好好地被看見、理解與接納，在機構裡的孩子更是迫切需要。他們有著少為人知的故事，那些故事裡，滿滿的都是受盡磨難的過往，以及遍體鱗傷的現在。而未來呢？未來就在不遠處，可是許多孩子無從走近。

在與孩子們「多人多腳」同行的日常生活裡，我們在崇尚競爭的環境中，陪伴孩子療傷，在追求量化的世界裡，等待孩子成長。我們一點也不偉大，但在這個迷信進步與成效的世界，我們確實辛苦，孩子們更是。

不過，對我來說，夥伴之間這樣的暢談，讓一切變得更能承受，因為有一群人與我一起慢慢走。這是一種幸運，並且因彼此坦露而變得更加堅定。

我們比肩同行。

【後記】

我們都曾遍體鱗傷

——愛在生命陷落的地方

有一天晚上，在快下班的三十分鐘前，我得知陪伴過的一名家園少年，因為在聲色場所和陌生人起爭執，被對方當場刺死。

這是一場意外，卻又不太令人感到意外。

安置兒少離園後的前景，雖然沒有灑狗血到動輒橫屍街頭的程度，然而，確實走得特別顛簸。不過，在得知少年死訊那當下，我沒有太激烈的反應，一方面是源自我的成長背景，一方面源自我對於這群孩子們必須面對的「現實」的理解。

下班後駕車返回台北的路上，我開得特別、特別慢。車內無限循環播放著樂團

「1976」的歌〈不合時宜〉：

「有誰在哭著，有誰跌倒了，需要答案的人也許不只是我……不管他們懂或不懂，為何妳總是有些不合時宜……」

不合時宜、不被理解、不被接納——這是我在安置兒少、思覺失調症病友以及這些生命的親人身上，體會到的疊影。

高中和大學的時候，我常因父母都是思覺失調症病友的狀況，在深夜裡顧影自憐，當時這首歌給我很多安慰。而在過往這幾年的工作中，這首歌再次成為我的陪伴者，在我陪家園少年赴法院開庭的路上，也是我和少年在山上聊天、談心時的背景音樂。

而那晚，我一路聽著這首歌，遇害少年的身影一直浮現在腦海，那個早出晚歸地安分工作的他。

＊

每一個都是「我們的」孩子

如果可以，誰都想在好好被愛著的環境裡成長，在充分的支持下，做自己生命的主人。對於我陪伴的孩子們來說，在安置機構裡長大是不得不的處境，就像沒有人會期待自己「發病」一樣，這些都是無從選擇的。

我們每一個人，從小到大都是在有限的選擇裡走過。而對於安置兒少來說，從原生家庭、學校到初出社會，他們獲得的支持與可以有的選擇，往往更是少之又少。同樣是走那麼一遭人生路，他們帶著比一般人更少的資源，卻被貼上更多「可憐」、「可惡」之類的標籤。

自幼身心難以安頓，在校園裡的學習動機低落，又被迫過早自力更生，這樣的人生開局，要好好地活下來真的不容易。在低度的情感支持和經濟基礎之下，遊走於法律邊緣，未必是不知好歹；出入各種高風險的場所，自然也不令人意外。這些孩子是踏在隨時都可能陷落的逆境中，令人不捨。但他們也如此努力在求生存，對此，我心懷敬意。

確實，逆境能使人成長，然而單單逆境本身是會溺死人的。苛刻說來，面對逆境，他們需要更努力，也必須更努力。但我的體會是，這些孩子們最最需要的，其實是能夠被理解與支持的一份幸運。

我很幸運，父母在我生命中的缺席、社會大眾對於思覺失調症的刻板印象，沒有阻礙我長成自己想成為的樣子。這一切除了我的努力，更因為一路上接應我的親人、師長和摯友，使我感到自己終究是被愛著的。

愛，讓我有能量破繭而出。

這一點也不立志，只是想當然耳卻不總會發生的幸運。愛是地基，地基穩了，我們都會各自美麗。這讓我想到胡淑雯的文字，因為「愛在生命陷落的地方」。

＊

《每一個都是「我們的」孩子》這本書的書寫目的，與第一本書《走過愛的蠻荒》是一樣的：希望以我的方式分享自己在意的議題，力道雖微弱，但態度堅定。

我無力也無意寫一本代表安置機構的書，就像無人能寫出一本代表所有台灣人生命經驗的書一樣。我寫的只是自己的一點點走過，以及感受與反思。動機甚至帶了點自私，因為書寫的過程使我較能夠安放工作的無力感，也在下筆的拉扯之中，體會到自己存在的價值。

這本書裡的故事，融合了我在事件當下的隨記、相關記憶與創作的想像。基於法律和道德上的考量，也為了更完整地傳達想傳遞的訊息，更為了多一點需要的溫暖、少一些太露骨的寫實，因此故事裡的人物背景和情節都有所修飾。如有雷同，只因我們的社會上，有數以千計的安置兒少。

＊

之所以這麼強調，源自於第一本書出版後的經驗。

有些書友這樣說：「你的書很好看，我一個晚上就看完了！」我總是笑笑地回應：「一個晚上就看完！你知道我寫了多久嗎？我怎麼覺得有點虧！」心裡很清楚書友們認為好看，只因為共鳴往往發生在故事裡。不管別人的生命故事看似再光怪陸離，我們都只是過路人。

「你好勇敢！」這是第一本書出版後，我最常收到的回饋。聽到這句話，平時不正經的我總會停下來，好好地回應對方。我們都在各自的生命故事裡，經歷對於愛的失落與期待，而我的一點點體會是生命無從比較，也因此我們都一樣勇敢，也都夠勇敢了。讓文國士看起來比較勇敢的，其實是社會對於「思覺失調症」的刻板印象，這份迷思才是真正值得我們聚焦的。

＊

或許有些善良的讀者在看了這本書之後，會對我過譽：「你好辛苦。」但其實辛苦的不是我。

辛苦的是在安置機構長大的這些生命。

沒有人可以選擇自己的出生。這些因為原生家庭特別辛苦，而轉換成長環境到安置機構的孩子們，需要的不是憐憫。他們若要能夠好好長大，活出自己的名字，真正需要的是——我們更深刻地理解與接納。

願有一天，台灣所有的孩子，無論出身，都能好好地被愛著。

願有一天。

深深覺得活著能大哭也大笑到瘋掉就好的國國

@台北早秋咖啡

【附錄】

推薦閱讀書目

一、創傷經驗・復原力・兒童逆境經驗

- 《童年會傷人》：留佩萱著，小樹文化。
- 《深井效應——治療童年逆境傷害的長期影響》（*The Deepest Well: Healing the Long-Term Effects of Childhood Adversity*）：娜汀・哈里斯（Nadine Burke Harris）著，朱崇旻譯，究竟。
- 《心靈的傷，身體會記住》（*The Body Keeps the Score*）：貝塞爾・范德寇（Bessel van der Kolk, MD），劉思潔譯，大家出版。
- 《遍體鱗傷長大的孩子，會自己恢復正常嗎？》（*The Boy Who Was Raised As A Dog*）：布魯斯・D・培理（Bruce D. Perry）、瑪亞・薩拉維茲（Maia Szalavitz）著，張馨方譯，柿子文化。
- 《第一本複雜性創傷後壓力症候群自我療癒聖經——在童年創傷中求生到茁

壯的恢復指南》（*Complex PTSD: From Surviving to Thriving: A Guide and Map for Recovering from Childhood Trauma*）：彼得・沃克（Pete Walker）著，陳思含譯，柿子文化。

- 《幸福童年的祕密》（*Das Drama des begabten Kindes*）：愛麗絲・米勒（Alice Miller）著，袁海嬰譯，心靈工坊。
- 《身體不說謊——再揭幸福童年的祕密》（*Die Revolte des Körpers*）：愛麗絲・米勒（Alice Miller）著，林硯芬譯，心靈工坊。
- 《夏娃的覺醒——擁抱童年，找回真實自我》（*Evas Erwachen: Über die Auflösung emotionaler Blindheit*）：愛麗絲・米勒（Alice Miller）著，林硯芬譯，心靈工坊。

二、少年司法・安置機構

- 《為什麼要拋棄我？——日本「嬰兒信箱」十年紀實》（なぜ、わが子を棄てるのか「赤ちゃんポスト」10年の真実）：ＮＨＫ採訪團隊著，陳令嫻譯，開學文化。
- 《監獄裡的母親們》：潘丁菡著，白象文化。
- 《教出殺人犯》（いい子に育てると犯罪者になります）：岡本茂樹著，黃紘君譯，光現出版。
- 《誰都可以，就是想殺人——被逼入絕境的青少年心理》（誰でもいいから殺したかった！）：碓井真史著，李怡修譯，時報。

●《空橋上的少年》：蔡伯鑫著，心靈工坊。

●《洗車人家》：姜泰宇著，寶瓶文化。

●《失去青春的孩子——美髮建教生的圓夢與碎夢》：涂曉蝶著，游擊文化。

●《我在少年中途之家的日子——一位少年保護社工與觸法少年的生命故事》（全新修訂版）：林劭宇著，九韵文化。

●《我是你的觀護人》：唐珮玲著，漫遊者文化。

●《廢墟少年——被遺忘的高風險家庭孩子們》：李雪莉、簡永達（《報導者》）著，衛城出版。

●《不會切蛋糕的犯罪少年》（ケーキの切れない非行少年たち）：宮口幸治著，陳令嫻譯，遠流。

●《我不是不努力，只是做不到你滿意——讓每個孩子在「墜落」前，都能獲得該有的幫助》（どうしても頑張れない人たち——ケーキの切れない非行少年たち2）：宮口幸治著，陳令嫻譯，遠流。

●《都是溫柔的孩子——奈良少年監獄「詩與繪本」教室》（あふれでたのはやさしさだった）：寮美千子著，黃瀞瑤譯，野人。

●《陪你讀下去——監獄裡的閱讀課，開啟了探求公義的文學之旅》（*Reading with*

Patrick: A Teacher, a Student, and a Life-Changing）：郭怡慧（Michelle Kuo）著，徐麗松譯，網路與書出版。

- 《16——是誰讓少年帶著痛苦與懼怕走完他的人生》：王美玉、午台文著，時報。
- 《霸凌者——從兒童到成人、從校園到社會，15個觸目驚心的血色告白》：陳嵐著，高寶書版。
- 《倖存者，如我們》（*We, the Survivors*）：歐大旭（Tash Aw）著，彭臨桂譯，聯經。
- 《絕歌——日本神戶連續兒童殺傷事件》（絶歌——神戸連続児童殺傷事件）：前少年A著，蘇默譯，時報。
- 《殺人犯的孩子》（息子が人を殺しました——加害者家族の真実）：阿部恭子著，金鐘範譯，光現出版。
- 《心，無法審判——十七歲自閉症少年的審判實錄》（裁かれた罪　裁けなかった「こころ」——17歳の自閉症裁判）：佐藤幹夫著，王蘊潔譯，台灣商務。
- 《自由的蜂鳥——加州男子監獄的真實故事，藝術讓人再次飛翔》（*Hummingbird in Underworld: Teaching in a Men's Prison, A Memoir*）：黛博拉·托波拉（Deborah Tobola）著，吳宜蓁譯，城邦。

● 5/29（日）下午三點

基隆樂心書室（基隆市信義區東明路88號1樓）

● 6/11（六）下午三點

桃園瑯嬛書屋（桃園市中壢區榮民路165巷6號）

● 6/18（六）下午三點

高雄三餘書店（高雄市新興區中正二路214號）

*入場費每人100元，當日購買講座用書可折抵30元。

● 8/16（二）晚上七點

玉里咕咕發芽咖啡驛棧（花蓮縣玉里鎮大同路58號）

*入場低消每人一杯$80以上飲品。

● 8/18（四）晚上七點

池上小安比樂（台東縣池上鄉新開園78號）

*入場低消每人一杯$80以上飲品。

● 8/19（五）晚上七點

台東晃晃書店（台東縣台東市漢陽南路139-1號）

洽詢電話：(02)2749-4988

*除6/18、8/16、8/18，其他為免費入場，座位有限

【新書分享會】

每一個都是「我們的」孩子
——文國士與家園的漂浪少年

● 4/02（六）下午三點
嘉義島呼冊店（嘉義市西區北興街86號）

● 4/09（六）晚上七點
台中新手書店（台中市西區中興一巷26號2樓V戶，台虎精釀啤酒2樓漢堡廚房左手間）

● 4/16（六）晚上七點
台南政大書城（台南市中西區西門路二段120號B1）

● 5/07（六）下午三點
花蓮孩好書屋（花蓮縣花蓮市明禮路69-2號）

● 5/28（六）晚上七點
苗栗日榮本屋（苗栗縣苗栗市中山路129號）

國家圖書館預行編目資料

每一個都是「我們的」孩子：文國士與家園的漂浪少年/文國士著. -- 初版. -- 臺北市：寶瓶文化事業股份有限公司, 2022.3　面；公分. -- (Vision；223)
ISBN 978-986-406-284-3(平裝)
1.CST: 兒童福利 2.CST: 青少年輔導 3.CST: 安置輔導

547.51　　111003168

寶瓶 AQUARIUS

Vision 223

每一個都是「我們的」孩子

——文國士與家園的漂浪少年

作者／文國士
企劃編輯／丁慧瑋

發行人／張寶琴
社長兼總編輯／朱亞君
副總編輯／張純玲
編輯／林婕伃
美術主編／林慧雯
校對／丁慧瑋・陳佩伶・劉素芬・文國士
營銷部主任／林歆婕　業務專員／林裕翔　企劃專員／李祉萱
財務主任／歐素琪
出版者／寶瓶文化事業股份有限公司
地址／台北市110信義區基隆路一段180號8樓
電話／(02)27494988　傳真／(02)27495072
郵政劃撥／19446403　寶瓶文化事業股份有限公司
印刷廠／世和印製企業有限公司
總經銷／大和書報圖書股份有限公司　電話／(02)89902588
地址／新北市五股工業區五工五路2號　傳真／(02)22997900
E-mail／aquarius@udngroup.com

著作完成日期／二〇二一年十二月
初版一刷日期／二〇二二年三月
初版二刷日期／二〇二二年三月二十三日

ISBN／978-986-406-284-3
定價／三三〇元

AQUARIUS 寶瓶 文化事業

愛書人卡

感謝您熱心的為我們填寫，
對您的意見，我們會認真的加以參考，
希望寶瓶文化推出的每一本書，都能得到您的肯定與永遠的支持。

系列：Vision 223　**書名：每一個都是「我們的」孩子——文國士與家園的漂浪少年**

1.姓名：＿＿＿＿＿＿＿＿　性別：□男　□女

2.生日：＿＿＿年＿＿＿月＿＿＿日

3.教育程度：□大學以上　□大學　□專科　□高中、高職　□高中職以下

4.職業：＿＿＿＿＿＿＿＿

5.聯絡地址：＿＿＿＿＿＿＿＿＿＿＿＿＿＿＿＿＿＿＿＿

聯絡電話：＿＿＿＿＿＿＿＿　手機：＿＿＿＿＿＿＿＿

6.E-mail信箱：＿＿＿＿＿＿＿＿＿＿＿＿＿＿

□同意　□不同意　免費獲得寶瓶文化叢書訊息

7.購買日期：＿＿＿年＿＿＿月＿＿＿日

8.您得知本書的管道：□報紙／雜誌　□電視／電台　□親友介紹　□逛書店　□網路
□傳單／海報　□廣告　□其他

9.您在哪裡買到本書：□書店，店名＿＿＿＿＿＿　□劃撥　□現場活動　□贈書
□網路購書，網站名稱：＿＿＿＿＿＿＿　□其他＿＿＿＿＿＿

10.對本書的建議：（請填代號　1.滿意　2.尚可　3.再改進，請提供意見）

內容：＿＿＿＿＿＿＿＿＿＿＿＿＿

封面：＿＿＿＿＿＿＿＿＿＿＿＿＿

編排：＿＿＿＿＿＿＿＿＿＿＿＿＿

其他：＿＿＿＿＿＿＿＿＿＿＿＿＿

綜合意見：＿＿＿＿＿＿＿＿＿＿＿＿＿＿＿＿＿＿＿＿＿＿＿＿＿＿

11.希望我們未來出版哪一類的書籍：＿＿＿＿＿＿＿＿＿＿＿＿＿＿＿＿

讓文字與書寫的聲音大鳴大放

寶瓶文化事業股份有限公司

（請沿此虛線剪下）

廣 告 回 函
北區郵政管理局登記
證北台字15345號
免貼郵票

寶瓶文化事業股份有限公司 收

110台北市信義區基隆路一段180號8樓

8F,180 KEELUNG RD.,SEC.1,

TAIPEI.(110)TAIWAN R.O.C.

（請沿虛線對折後寄回，或傳真至02-27495072。謝謝）